Vers une nouvelle spiritualité

Réponses à une catastrophe annoncée

DU MÊME AUTEUR :

Arena, roman, (sous le pseudonyme de Gilles Teillard), Flammarion, 1988.

Les Taureaux de Khorsabad, roman, Plon, 1994.

Le Chevalier de Saint-Jean-d'Acre, roman, Plon, 1995.

Tourmente et passion, de Saint-Pétersbourg à Berlin, roman, Les Éditions de Paris, 2000.

Gilles Cosson

Vers une nouvelle spiritualité

Réponses à une catastrophe annoncée

Essai

Les Éditions de Paris

54, rue des Saints-Pères, 75007 Paris.

PROLOGUE

Voici près d'un an que j'ai mis en chantier cet essai et j'imagine trop bien la difficulté de son admission dans le cénacle fermé de ceux qui raisonnent avec l'autorité que donne une position officielle, sur le problème du religieux. Ceci m'oblige à une question fondamentale : pourquoi ai-je entrepris de me pencher, moi, simple individu sans références particulières, sur un problème aussi complexe ? Quelle folie m'a poussé à entrer sur un terrain jalonné par des milliers de pages d'exégèse, balisé par des millions d'assassinats commis au nom de Dieu, surveillé jalousement par les ministres de cultes aussi divers qu'exigeants ? Et quelles sont les raisons qui m'autorisent à prétendre jeter un regard neuf sur un sujet aussi difficile ? Je ne saurai échapper à dire quelques mots de moi...

J'ai été pleinement de mon siècle. Plongé au cœur même des arcanes de l'économie, voyageant tout autour du globe, je crois pouvoir affirmer que rien de ce qui constitue la trame de notre temps ne m'a été étranger. Mais dès le premier jour, je n'ai donné à mes activités que le minimum indispensable, j'ai loué en quelque sorte ma capacité de travail au milieu professionnel dans lequel j'étais immergé, je ne lui ai jamais rien donné d'essentiel. Dès le premier jour en effet, j'ai senti que mon expérience serait vouée au service d'une cause plus large, j'ai su qu'il existait au-delà des apparences un univers plus riche, celui auquel ont accès les poètes et les mystiques, le seul qui, pour moi, vaille que l'on s'y consacre. Bien sûr, il me fallait cacher ce travers et je m'y suis employé le temps nécessaire, mais je n'ai jamais perdu l'objectif de vue.

Pour mieux y parvenir et pour échapper à l'agitation d'aujourd'hui avec son information envahissante, illusion de vie qui masque un profond désert spirituel, j'ai recherché la solitude, celle du cabinet de travail d'abord, mais aussi celles que recèlent encore les déserts et les montagnes du globe. Dans une émission radiophonique consacrée aux nomades de la montagne, j'ai essayé un jour de décrire ce qui différencie ces derniers de la cohorte des citadins sédentaires que nous sommes, oublieux des vérités premières qui étaient le lot de nos ancêtres : le froid, la chaleur, la faim, la mort.

Cette recherche du terrain est sans doute ce qui me différencie le plus des hommes de cénacle. Certes, j'ai lu ma part d'ouvrages, mais je suis surtout allé sur les grands chemins de ce monde à la recherche de la spiritualité vivante, celle qui se trouve dans le cœur des hommes. J'ai erré dans les montagnes d'Islande et sur les plateaux tibétains, j'ai parcouru les déserts froids et les solitudes brûlantes, partout j'ai écouté le vent, ausculté la terre, interrogé le ciel. Mais j'ai aussi fréquenté les monastères, rendu visite aux ermites de l'Himalaya, observé la dévotion des conducteurs de yaks, admiré la noblesse des oraisons touarègues.

De cette longue quête, de mes conclusions personnelles qui tiennent plus de l'intuition que de la certitude, j'ai essayé de rendre compte au travers de divers romans historiques, pensant naïvement que sous l'intrigue apparaîtrait le but véritable. Mais je me suis progressivement rendu compte que le moloch consumériste qui va au plus pressé oubliait l'essentiel. Trouver l'aiguille au milieu de la botte de foin n'est pas une caractéristique de notre époque.

Puis sont survenus de façon inattendue des ennuis de santé qui m'ont donné l'occasion de réfléchir et offert le temps nécessaire à une clarification. Bref, le moment était venu de préciser mes idées.

Voici pourquoi je me suis résolu à ce travail. Je ne suis pas sûr qu'il trouve sa place dans le maquis des ouvrages spécialisés, mais au moins aurais-je essayé. Il me semble que je devais le faire.

*

Parmi les plus graves préoccupations de notre temps figure, je crois, le délabrement croissant de la trame spirituelle de notre civilisation occidentale. Ce délabrement qui rencontre l'excès de certitudes d'une autre fraction de l'humanité, souvent frustrée du confort matériel le plus élémentaire, risque de conduire notre monde à la catastrophe si rien n'est fait pour redonner à tous un élan commun. Nous sommes au bord du précipice et la chute est inévitable sauf à changer profondément le regard que nous portons sur l'univers, à commencer par nous-mêmes.

La première partie de cet ouvrage sera donc consacrée aux origines et aux caractéristiques de l'inquiétante situation d'aujourd'hui. Elle revêtira un caractère historique et sociologique : comment en sommes-nous venus là, quelles conséquences nous attendent ?

La seconde partie se penchera sur les modifications prévisibles de notre environnement et sur l'adaptabilité au monde nouveau des doctrines religieuses héritées du passé. Elle conservera un aspect assez analytique.

Dans la troisième, il s'agira de dresser à grands traits ce que pourraient être les attributs de la nécessaire refondation spirituelle, attributs définis à la lumière de la raison, mais aussi de l'intuition. Aussi cette partie sera-t-elle beaucoup plus personnelle, à la fois distanciée et engagée, critique et poétique, assumant de propos délibéré le risque du mélange des genres. C'est en elle que se trouve le cœur de l'ouvrage, c'est dans son développement que se situe le message de l'auteur. Aurait-il été pour autant possible de faire l'économie des deux premières parties ? Assurément non ! Tout effort de reconstruction doit s'appuyer sur une analyse préalable, toute démarche intuitive sur un fondement logique.

Un parti pris, enfin, domine ce texte, celui de la concision, parfois même du raccourci. Il ne m'est pas apparu souhaitable, en effet, de faire un traité savant dans lequel la même idée, reprise vingt fois, est polie et repolie sous toutes ses faces. Je crois que ceci doit être réservé à un deuxième temps. Une pensée claire doit pouvoir s'exprimer sobrement, voire revêtir un caractère quelque peu provocateur. Que les amateurs de longs développements me pardonnent ce choix.

Voici donc l'objet de ces propos. S'y trouvent indissociablement mêlés la dialectique et l'inspiration, le feu et la cendre ; tout ce qu'il ne faut pas faire, en somme ! Mais, autant le dire tout de suite, un des buts de ce livre est de faire l'éloge des contradictions…

PREMIÈRE PARTIE

Chronique d'une catastrophe annoncée

I
Du besoin de croire

De mes pérégrinations, et plus généralement de la vie, j'ai retiré une impression forte : les êtres humains ont besoin de certitudes. Qu'ils soient riches ou pauvres, citadins ou ruraux, intellectuels ou hommes d'action, ils ne sauraient affronter les épreuves qui les attendent et en particulier la dernière, la mort, que ce soit la leur ou celle de leurs proches, sans doctrine d'aucune sorte. L'esprit fort n'existe pas. L'univers est trop vaste et son dessein trop incompréhensible pour que nous ne nous efforcions pas de lui donner un sens, de le rattacher à une explication globale.

On m'objectera que la religion est l'opium du peuple et que les esprits éclairés doivent tout faire pour en éloigner les effets obscurantistes. Peut-être, mais il est notoire que beaucoup d'intellectuels et pas forcément les plus médiocres, ont épousé comme un seul homme des doctrines redoutables, communisme ou nazisme, dont le mérite essentiel était de les débarrasser de la peur du vide qui nous hante tous. Il est intéressant de rappeler ce que dit à ce sujet un esprit pénétrant, Octavio Paz, Mexicain et prix Nobel :

« Absolutisme et totalité sont les deux faces de la même réalité psychique. Nous recherchons la totalité, l'unité, parce qu'elles sont la réconciliation avec le tout de notre être isolé, orphelin et errant, la fin de l'exil qui a commencé avec la naissance. Nous nécessitons l'absolu parce que lui seul peut nous donner la certitude de la vérité à laquelle nous aspirons de toutes nos forces[1]. »

1. Octavio Paz, *Tiempo nublado,* Seix Barral, 1998. Traduction de l'auteur.

Il n'est nulle critique, je pense, dans ces propos, rien que la reconnaissance de notre nature profonde. Le bonheur qu'apporte à l'homme la certitude est intense. C'est d'une certaine façon, la plus belle satisfaction qui lui soit donnée, celle qui, faisant de lui un être accompli, le rend capable d'abnégation et parfois d'héroïsme. Gardons-nous de la déprécier. Qu'il me soit permis pour expliquer ce point de vue de citer quelques exemples :

Un jour, au cœur du Tibet, le hasard m'amena aux portes d'un sanctuaire. J'y rencontrai un homme âgé. Il s'approcha de moi et, après s'être assuré que personne ne nous observait, il prononça le mot de *dalaï-lama*. Je savais que la Chine proscrivait sévèrement l'effigie de ce dernier et je lui offris donc quelques photos du dignitaire que je conservais pour la circonstance. Il me remercia, les cacha sous son bonnet, puis pénétra dans le temple. Je l'y suivis. Là, l'attendait une vieille femme aux gestes maladroits, assise sur un tabouret. Il me fallut peu de temps pour comprendre qu'elle était aveugle. L'homme s'approcha d'elle, lui dit quelques mots à l'oreille et, après avoir dissimulé dans ses vêtements une de mes photos, il lui donna le bras. Le couple que formaient ces deux ancêtres était magnifique. Puis il entreprit de faire avec elle le tour du *chorten* dans le sens requis par la coutume. Jamais je ne pourrai oublier le sourire rayonnant de la vieille aveugle. Son visage était transfiguré de joie et de recueillement.

Je cite ce cas parce qu'aujourd'hui encore son souvenir me touche. Mais je pourrais en évoquer tant d'autres : les Touaregs du Hoggar, prosternés à l'heure de la prière, offrant à Allah leurs souffrances et leurs espoirs, les pèlerins chrétiens montant à genoux l'escalier saint de Saint-Pierre de Rome et cette femme de charge maghrébine de l'hôpital Saint-Louis faisant ma chambre et me disant avec humilité : « Courage, monsieur, Dieu peut tout. » Qu'elle soit remerciée pour cette bonne parole !

Passons au registre profane. Dans mes jeunes années, alors que j'étais dans les classes de préparation aux Écoles, j'eus un excellent professeur de lettres, aimant son métier avec passion. J'en garde pieusement la mémoire. Il n'avait si je puis dire, qu'un défaut : il était communiste comme on pouvait l'être dans les années cinquante : inconditionnel…

Nous sommes en 1956, arrive le soulèvement populaire de Budapest, férocement réprimé par l'Armée rouge. Tous, nous suivions avec angoisse l'héroïsme des Hongrois écrasés par les chars. Un jour, pendant une classe où il venait de traiter avec beaucoup de sensibilité d'un poème de Baudelaire, je l'interpellai. Je me souviens encore de sa réponse : « Monsieur, me dit-il, si vous voulez critiquer l'Union soviétique, sortez de cette classe ! Le pays qui a donné Staline à l'humanité sait mieux que vous ce qu'il a à faire. »

Et voilà, tout est dit. Rien n'est ridicule dans cette réponse. C'est celle d'un homme de foi, probablement athée et convaincu de son indépendance d'esprit. Simplement, comme nous tous, il avait éprouvé le besoin de croire. Et pourtant, dans le même temps, le goulag fonctionnait à plein régime, Soljenitsyne écrivait dans sa tête *Une journée d'Ivan Denissovitch* et Kravtchenko était traité de vipère lubrique par le comité central du PCF.

Je ne sais pas si la démonstration est suffisante. La fière devise *Ni Dieu, ni maître* ne répond pas aux aspirations de la plupart. Le besoin de croire est universel et il me paraît respectable. Encore faut-il qu'il ne s'exerce pas au bénéfice des fous ou des charlatans…

Quant à la faculté d'aveuglement des intellectuels, elle est sans limites : ils sont capables de nier l'évidence et de penser en toute bonne foi être à l'abri des fautes de leurs aînés. On ne saurait leur en vouloir. Simplement, je ne les crois pas. Les erreurs d'hier anticipent celles de demain.

II
Le sentiment religieux, ciment des sociétés humaines du passé

Tout ce qui vient d'être dit a été depuis longtemps assimilé par ceux qui ont la charge des populations, rois, pontifes ou chefs d'état. Pour durer, il faut offrir à ses sujets prospérité et distraction, mais avant tout foi. Et si les trois ingrédients ne peuvent être réunis, à tout le moins les deux derniers doivent l'être : un peuple supportera mieux sa misère s'il croit fermement au sens de sa vie ou à celle de sa communauté et si on lui offre en prime de quoi oublier de temps en temps son sort, qu'il s'agisse des jeux du cirque, des joies du sexe, d'un ennemi désigné à la haine publique (Orwell l'avait magnifiquement perçu et Hitler mis en pratique), ou de procès spectacles. Tous les tyrans ont joué de ce registre, mais pas seulement eux. D'honorables démocrates savent très bien utiliser à leur profit des joutes sportives mettant en jeu les fiertés nationales. Ne leur en voulons pas…

Il semble, à réfléchir un peu sur l'histoire, que les sociétés fortes du passé, celles qui ont connu une phase d'expansion vigoureuse et qui ont le mieux répondu à l'attente de leurs concitoyens, aient presque toujours réuni quatre composantes :

– d'abord une foi militante, qu'elle soit d'essence religieuse ou laïque, qui structure la société autour d'une colonne vertébrale de valeurs révélées, ou plus généralement indiscutables ;

– l'austérité des mœurs officielles, évitant la dispersion et encourageant le travail, pour le plus grand bénéfice du pouvoir en place ;

– le culte des vertus viriles, garantissant le maintien et la diffusion du modèle dominant ;

– l'homogénéité des langues et des coutumes permettant de réduire les contradictions internes.

La foi « religieuse » comme élément structurant

Dans le passé d'abord, les exemples convergent : la caste des prêtres – qui se confond souvent avec celle des lettrés –, celle des détenteurs de la vérité révélée, a toujours été au centre du pouvoir. Et même s'ils sont connus de la plupart, il n'est pas inutile de rappeler quelques faits.

Les civilisations de l'Euphrate s'appuient toutes sur une religion officielle, culte d'Ishtar ou de Marduk, véritable ciment de l'État qu'il soit sumérien, babylonien, assyrien ou autre.

Le corpus religieux des Égyptiens donne sa légitimité au pharaon. Chacun se souvient de l'ébranlement occasionné à la dynastie par Akhenaton et sa tentative de passage au seul dieu Aton, tentative vite suivie du retour en arrière de Toutankhamon.

Le peuple juif est littéralement « fondé » par les tables de la Loi. Jusque-là, il s'agit de tribus sémites mal enracinées dans des territoires eux-mêmes imprécis. La révélation de Moïse offre le ciment sur lequel va se cristalliser l'unité profonde des douze tribus d'Israël.

Les dieux de l'Olympe, même s'ils offrent une surprenante diversité et une non moins surprenante humanité, ont été le socle de la république d'Athènes avant de devenir celui de Rome. Souvenons-nous de la fondation des cités romaines toujours accompagnée de la consécration des temples.

La foi chrétienne elle-même, pourtant non violente dans son essence, a été la base même des empires chrétiens du Moyen Âge, le fondement de la légitimité spirituelle des souverains d'Occident, le facteur déclenchant des croisades.

Quant à la religion musulmane, la conclusion s'impose d'elle-même. Activiste et militante dès l'origine, elle ne se conçoit pas sans le *djihad*, guerre contre soi-même et ses imperfections certes, mais aussi guerre d'expansion religieuse qui cimente la communauté des croyants.

Spinoza a magnifiquement résumé cette propension des monarques à utiliser la doctrine religieuse pour mieux régenter leurs peuples :

« Le grand secret du régime monarchique, et son intérêt majeur, est de tromper les hommes et de colorer du nom de religion la crainte qui doit les maîtriser, afin qu'ils combattent pour leur servitude comme s'il s'agissait de leur salut[2]... »

Plus proche de nous, mais tout aussi exigeant, le marxisme prétendit à une explication globale du monde de type scientiste. Philosophe russe émigré en France et juge avisé de son temps, Léon Chestov, écrit dès 1919 :

« De doctes esprits ont fait une science du matérialisme dialectique, et, au nom de cette construction purement intellectuelle, l'Europe est priée de croire que le bolchevisme est une immense novation, légitimant par là même l'esclavage le plus abject[3]. »

Il est intéressant de noter que, mue par les nécessités de son expansion mondiale, la doctrine marxiste prend dès la révolution de 1917, un caractère quasi religieux, avec son catéchisme, ses grands prêtres et ses inquisiteurs. Les réunions du Kominterm deviennent une messe dont les rites de soumission sont scrupuleusement observés. Comme le dit à nouveau, et avec quelle perspicacité, Octavio Paz :

« Le totalitarisme confisque les valeurs religieuses, il les vide de leur contenu et se recouvre de leur manteau[4]. »

Ce que Léon Chestov exprime avec une force extraordinaire lorsqu'il ajoute :

---

2. B. de Spinoza, préface au *Traité théologico-politique*, Flammarion, 1965.

3. Léon Chestov, *Un philosophe pas comme les autres*, Institut d'études slaves, 1996.

4. Octavio Paz, *ibid.*

« Nous devons lutter contre l'obscurantisme rationaliste qui se prolonge en un terrorisme rationnel, avec sa dictature et sa police chargées de faire respecter la vérité scientifique, qui étant nécessaire, devient par conséquent obligatoire et à laquelle chacun doit se soumettre[5]. »

C'est bien ce véritable évangile qui donnera sa force au communisme des premiers temps.

Quant à, l'épisode nazi, aussi terrifiant dans son contenu que lamentable dans sa doctrine, force est malheureusement de constater que des esprits pourtant remarquables, qu'il s'agisse de Knut Hamsun ou de Martin Heidegger, furent tentés par une approche fumeuse qui donnait à la race germanique une place prééminente, et au culte des héros un rôle salvateur. Mais nous nous approchons là du nationalisme pur qui sera l'objet de notre chapitre suivant.

Si nous nous penchons enfin sur les civilisations orientales qui nous ont largement précédés, il apparaît que leur antique sagesse a su développer pour faire face aux angoisses de l'existence, des solutions beaucoup plus complexes et moins chargées de révélations que les nôtres. Cela dit, le bouddhisme, comme l'hindouisme, comme aussi le mystérieux Tao, se reportent tous à une conception mystique de l'univers. La réincarnation bouddhiste, les cent divinités hindouistes, le souffle du Tao qui fait surgir la vie du néant, possèdent tous une profonde signification eschatologique. L'empereur de Chine était fils du Ciel et il a toujours su s'appuyer sur cette origine pour affermir sa légitimité. Quant à celui du Japon, il était et est encore, dans une certaine mesure, divinisé par son peuple.

En résumé, tous les grands empires, à l'exception peut-être de quelques civilisations purement marchandes, ont été fondés sur des valeurs d'essence religieuse. Et celui d'aujourd'hui, les États-Unis d'Amérique n'y échappe pas. L'inspiration profondément biblique de la société américaine, sa foi naïve dans le bien et le mal (rappe-

5. Léon Chestov, *ibid.*

lons-nous Woodrow Wilson disant sans sourire que « Dieu avait créé l'Amérique pour montrer au monde le chemin de la liberté[6] » ou plus récemment le président Reagan déclarant : « J'ai toujours pensé que ce pays béni a été spécialement mis à part, qu'un plan divin a placé ce grand continent ici, entre les océans pour qu'il puisse être retrouvé par tous les gens qui éprouvent un amour particulier pour la foi et la liberté[7]... »), la sanctification, si l'on nous pardonne cette métaphore, du capitalisme, procèdent à l'évidence de ce besoin de certitudes. Tel n'est pas aujourd'hui le cas de l'Europe et c'est bien sa faiblesse; nous y reviendrons.

L'austérité des mœurs, corollaire du pouvoir religieux

L'austérité des mœurs, au moins affichée, a toujours été soutenue par les prêtres et va de pair avec les phases d'expansion. Les « Pères de la République » romains en sont probablement un des plus beaux exemples et Caton l'Ancien la figure de proue. L'Incorruptible, alias Robespierre, incarnation de la vertu en armes, l'ascétisme laïc des « hussards noirs de la République » accompagnant l'expansion coloniale au Tonkin, la rigueur communiste de Rosa Luxembourg animant les spartakistes, nourrissent l'imaginaire des peuples, impressionnés devant tant de fermeté morale. Mais par l'esprit d'économie qu'elle incarne, l'austérité générale contribue aussi au haut niveau d'épargne nécessaire au développement de l'administration et à l'entretien des armées.

Bref le rigorisme des mœurs prend en général sa source dans les exigences de la foi, que celle-ci soit d'essence laïque ou religieuse, mais il est ensuite un bien utile serviteur de l'autorité. Rien ne vaut l'abstinence et l'esprit d'économie lorsqu'il s'agit de remplir les caisses d'un État guerrier. Sparte prônait pour ses citoyens une aus-

6. Woodrow Wilson, cité par William Pfaff, dans *Commentaires*, Plon été 2002.
7. Ronald Reagan, cité par Gilles Keppel, dans *La Revanche de Dieu*, Seuil 1998.

térité sans pareille, mais ne reculait devant aucune dépense lorsqu'il s'agissait d'entretenir sa force militaire. Les industriels de l'armement ont toujours préféré les canons au beurre, et Staline vendait le blé de l'Ukraine pour acheter des machines pendant la famine des années 30…

Le culte des vertus viriles, auxiliaire des armées

Le culte des vertus viriles va lui aussi de pair avec l'ascétisme d'État. Il exalte le courage physique et, à travers lui les valeurs nécessaires à l'épanouissement des empires. La récupération d'une valeur, en soi exigeante, par un pouvoir en mal de propagation est ici manifeste.

Ce n'est pas un hasard si, dans la plupart des civilisations en phase d'expansion, les guerriers précèdent les marchands. Dans l'esprit du modèle correspondant, faire le don de sa vie à une cause, religieuse ou militaire, vaut mieux qu'accumuler des richesses. L'homme n'ayant guère le goût de se regarder en face, avec tous ses manquements, il entend volontiers ce message, car il lui paraîtra toujours plus gratifiant de mourir pour des idées que pour de l'argent; c'est une façon de nier ses propres faiblesses. Rappelons-nous Nietzsche stigmatisant la « vulgarité des fabricants aux grosses mains rouges » et exprimant fortement le fait que, « provisoirement tout au moins, toute civilisation militaire se trouve bien au-dessus de celles que l'on appelle industrielles[8] ».

L'homogénéité des langues et des coutumes, facteur de cohésion interne

L'homogénéité des langues et des coutumes, en particulier religieuses, n'est pas à proprement parler une nécessité, mais plutôt un facteur utile à l'exercice du pouvoir. Elle manifeste la nécessaire

8. Friedrich Nietzsche, *Le Gai Savoir,* collec. Idées, Gallimard, 1950.

prééminence du peuple et de la religion dominante. Celui qui veut progresser dans la hiérarchie doit s'inféoder au modèle. Le citoyen athénien était natif de la ville, un peu plus tard de l'Attique, voire de Macédoine, mais tous les Grecs se reconnaissaient à leur langue et à leurs dieux. L'empire achéménide se concevait comme le creuset des Perses avec, sa religion, le mazdéisme, et sa langue officielle, celle de l'empereur/roi. La Rome des premiers temps parlait latin, élevait des temples à Jupiter et n'accordait le titre de citoyen romain qu'aux peuples les plus proches. Et, pour en venir au monde d'aujourd'hui, les États-Unis, qui sont un peu vis-à-vis de l'Europe dans la situation où se trouvait Rome vis-à-vis de la Grèce, celle de l'héritière rustique (où l'on retrouve l'austérité des mœurs et le culte des vertus viriles...), ont imposé de fait leur religion de l'argent : le roi dollar, et leur langue : l'anglo-américain, comme vecteur mondial de communication.

Il est juste de constater que cette homogénéité des langues et des coutumes était souvent le produit d'un long processus d'intégration de populations au départ très différentes. Mais il ne s'en agissait pas moins d'un puissant facteur de cohésion facilitant la conduite des opérations civiles ou militaires. L'extension démesurée de l'empire d'Alexandre, comme plus tard celle de l'empire romain avec l'entrée de religions, de coutumes et de langues étrangères inassimilables, ont été le prélude à leur déclin.

Tout cela confirme en tout cas que, des composantes propres aux grandes civilisations du passé, c'est de loin la foi (religieuse ou laïque, il n'importe) qui apparaît comme la caractéristique la plus importante. C'est d'elle que découlent toutes les autres. Notons en passant que l'affaiblissement, ou pire, l'abandon de cette foi originelle a toujours été le préalable à l'affaissement de l'édifice. Malheur à ceux qui doutent. Ceux-là sont les victimes désignées des croyants qui eux, ne doutent de rien.

III
Le nationalisme, version dégradée du sentiment religieux

Que se passe-t-il lorsque la foi initiale faiblit? Quels sont les degrés de la décadence? Il ne paraît pas exagéré de dire que dans une première étape tout au moins, le nationalisme a souvent constitué une manière de substitut permettant à la société de garder sa cohésion jusqu'au moment où il a perdu pied à son tour, devant les ravages causés.

Survol du passé

L'exaltation des valeurs nationales, au sens où nous l'entendons tout au moins, est une invention relativement récente, liée à l'apparition du rationalisme occidental, puissant facteur de sécularisation des idées. Elle coexiste néanmoins dans les temps anciens avec une foi tiédissante ou mise au service de l'Etat. Sans vouloir tomber dans l'érudition, notons par exemple que la « fraternité des égaux » spartiate (le système de Lycurgue), avec ses exigences avant tout guerrières et le sublime dédain qu'elle manifeste à l'égard d'une Athènes contestant sa suprématie, préfigure largement le nationalisme. Rappelons qu'il était « interdit aux Spartiates de concourir dans les grands sports athlétiques panhelléniques sous prétexte que le professionnalisme dans la course, le saut et le lancement est une chose, et le professionnalisme dans le maniement du javelot et du bouclier sur le terrain de manœuvres en est une toute différente[9] ».

9. A. Toynbee, *Guerre et civilisation,* coll. Idées, Gallimard 1953.

On ne saurait mieux affirmer sa supériorité : que les Athéniens s'amusent sur le stade dans des jeux efféminés est leur affaire, nous nous réservons le seul terrain qui vaille, celui du champ de bataille ! Quant aux républiques commerçantes de Gênes et de Venise, placées devant le recul de la foi catholique au profit de valeurs purement marchandes, elles exaltent la grandeur de la cité. Voyant son fils lire une histoire de France, raconte Saint-Didier, un sénateur vénitien la lui arracha des mains en s'écriant « Balourd, lis donc les choses de ta République et rien d'autre[10] ! »

Bref, et bien que le nationalisme en tant que doctrine soit absent, la fierté et la cohésion « nationale » ont toujours été appelées à l'aide lorsque Dieu passait au second plan. Et il est *a contrario* remarquable de noter que les pays musulmans, détenteurs d'une foi globalisante par essence, n'ont jamais éprouvé le besoin d'y recourir (« Écoutez croyants ! » et non « Algériens, Turcs ou Égyptiens… »). Mais le système va prendre une tout autre ampleur avec le profond recul du sacré qui marque, en Occident, l'entrée dans la modernité.

Le cas de l'Europe

L'Europe des dix-neuvième et vingtième siècles fournit un magnifique exemple d'émergence progressive d'une idéologie de remplacement.

L'histoire de l'Europe est d'abord religieuse. Charlemagne est l'empereur chrétien d'Occident avant d'être *imperator*, la chrétienté s'élance d'un seul élan pour libérer les lieux saints, les cathédrales surgissent comme les représentations terrestres de la foi. Plus tard les guerres de Religion qui ensanglantent le continent sont un exemple, hélas, par trop concluant, de l'emprise que revêt la foi religieuse sur les populations du temps. On s'entre-tue, et avec quelle férocité, au nom du Christ ou de Marie.

---

10. Limojon de Saint-Didier, *La Ville et la République de Venise,* La Haye 1685, cité par René Guerdan dans *La Sérénissime*, Fayard 1971.

Commence alors la dérive progressive qui s'achève par les Lumières. Au cours des dix-septième et dix-huitième siècles, la foi se relâche sous les coups de boutoir des philosophes pour aboutir *in fine* à la naissance de l'individualisme occidental. Il n'est pas indifférent de constater que, au fur et à mesure que s'affaiblit la foi religieuse, un succédané, sorte d'avatar de la main gauche, fait alors son apparition : le nationalisme. Que l'on nous pardonne cette observation maintes fois faite : jamais un homme du dix-septième siècle (et le prolongement de cette attitude se poursuivra jusqu'au début du dix-neuvième), n'aurait songé à reprocher à un homme de guerre de mettre ses talents au service d'un pays étranger. Le maréchal de Saxe était allemand, mais on pourrait citer de même Barclay de Tolly au service du tsar contre Napoléon et tant d'autres. C'est la Révolution qui la première s'indigne contre Dumouriez suspect d'avoir trahi la « nation » française. La notion nouvelle qui fait là son apparition va connaître de riches et sanglants développements.

Cependant que le dix-neuvième siècle déroule ses fastes industriels et que les prémisses des philosophies purement laïques, marxistes ou productivistes font leur apparition, légitimement encouragées par ceux, protestants ou juifs, qui avaient été les victimes du système précédent, l'idée de nation poursuit son développement. Mais l'on va alors assister à un formidable phénomène de récupération dont les effets marqueront l'entrée dans l'âge des guerres modernes. Ce sera la transformation en idéal quasi religieux de la notion de nation.

La situation à l'orée du vingtième siècle

Si nous nous penchons en effet sur la situation à l'orée du vingtième siècle, nous apercevons un continent ancré sur des valeurs mythico-religieuses, plus ou moins travesties en idéaux patriotiques.

En France, c'est Clemenceau qui ouvre le bal sur le mode laïque (logique pour un anticlérical notoire) après le coup de Tanger. Dans *L'Aurore* du 1er juin 1905, il écrit :

« Être ou ne pas être : voilà le problème qui se pose pour la première fois depuis la guerre de Cent Ans face à l'implacable volonté de suprématie allemande. Nous devons à nos mères, à nos pères et à nos enfants de tout épuiser pour sauver le trésor de vie FRANÇAISE que nous avons reçu de ceux qui nous précédèrent et dont nous devrons rendre compte à ceux qui nous suivront. »

Il est aussitôt relayé par tous ceux qui vont donner une dimension mythologique, voire mystique à ce sentiment instinctif.

C'est Maurice Barrès avec sa série des « bastions de l'Est » qui publie en 1909 *Colette Baudoche*, sans doute le plus représentatif de ses livres, dans lequel il exalte les vertus « françaises » maintenues par les Lorrains sous occupation allemande.

C'est Charles Péguy, qui, après avoir écrit *Notre Patrie* en 1905, insiste sur le « peuple inventeur de la croisade », sur la « nation privilégiée de Dieu », et qui met en avant le thème « héroïsme et sainteté ».

C'est enfin le véritable culte rendu à Jeanne d'Arc perçue comme l'incarnation des valeurs « françaises » à base de foi, de courage et d'esprit chevaleresque.

En Allemagne, la situation est presque identique. On ne dira jamais assez à quel point l'Allemagne de l'époque est dominée par la Prusse et la Prusse par la caste militaire. Or, comme le disait déjà Mirabeau, « la Prusse est une armée qui possède un État ». Et cet état véhicule, lui aussi, de très fortes valeurs mythologiques.

Au premier rang de celles-ci, le culte des ordres militaires, avec leurs chevaliers, teutoniques ou porte-glaive, arborant le manteau blanc à croix rouge ou noire, symbole d'un zèle évangélisateur aussi sincère que brutal.

Le nationalisme nourri à ces sources est profondément « mythique ». Guillaume II construit le Haut-Koenigsbourg en Alsace à l'image des forteresses teutoniques et restaure Kaltenborn en Prusse orientale sur le même modèle. Curieusement ce sont deux Français : Marguerite Yourcenar (dans *Le Coup de grâce*) et Michel Tournier (dans *Le Roi des Aulnes*), qui, peut-être parce qu'ils ne peuvent se voir accusés de pangermanisme militant, illustreront le mieux cette ferveur quasi religieuse.

Réécoutons le chant de la Prusse orientale :

Le poing serré sur la lance
En main les rênes de l'étalon
Ainsi chevauchons-nous d'Ouest en Est [...]
Le glaive à la main, le soc ouvrant le sol [...]
Pour achever l'œuvre des chevaliers allemands[11].

Il faut noter que ces mythes fondateurs sont gérés par le corps des officiers dans un esprit austère, d'inspiration luthérienne et de tradition chevaleresque.

La Grande-Bretagne, nation commerçante s'il en est, que l'on pourrait imaginer immunisée contre les dérives romantiques, entretient avec soin le mythe de l'empire sur lequel le soleil ne se couche jamais. Une grande ferveur entoure les explorateurs du début du vingtième siècle : Livingstone aux sources du Zambèze, Scott au pôle Sud mourant noblement au nom de l'Angleterre. Et la fière devise *Rule Britannia* est l'emblème de la nation « maîtresse des mers » à l'époque victorienne.

Quant à la Russie, encore largement paysanne et fortement attachée à sa spiritualité propre, elle vibre chaque fois que les frères orthodoxes apparaissent menacés. L'attentat de Sarajevo contre l'archiduc François-Ferdinand et l'ultimatum de l'Empire austro-hongrois (catholique) vont déchaîner la passion populaire.

Il est temps de s'arrêter là. En résumé, les peuples européens, riches d'une histoire chrétienne millénaire en voie d'affaiblissement, vont se ruer les uns sur les autres au nom de l'idée quasi mythologique qu'ils se font d'eux-mêmes, idée qui a elle-même de

11. *Ostpreussen-lied,* traduction libre de l'auteur.

fortes racines religieuses. La guerre de 1914 est le dernier avatar de l'Europe chevaleresque du Moyen Âge. À ses débuts, elle est exaltante et purificatrice. Écoutons la grande voix de S. Zweig parlant de Vienne le jour de la déclaration de guerre :

« Une ville de deux millions d'habitants éprouvait à cette heure le sentiment de participer à un moment qui ne reviendrait plus jamais, où chacun était appelé à jeter son moi infime dans une masse ardente pour s'y purifier de tout égoïsme. Toutes les distinctions de rang, de langues, de classes ou de religion étaient submergées par le sentiment débordant de la fraternité[12]. »

Le délire idéologique de l'entre-deux-guerres

Avec l'écroulement des valeurs traditionnelles et singulièrement religieuses, dû aux désillusions engendrées par les souffrances de la guerre, l'Europe, telle une supernova renaissant de l'effondrement de l'étoile primitive, va connaître une phase de délire idéologique, délire qui va parvenir à remplir le vide : communisme et nazisme vont retourner à leur profit nombre des valeurs traditionnelles en leur donnant une couleur nationale marquée. Pour le communisme, il s'agira d'une évolution progressive, le nazisme promouvant quant à lui dès le départ un nationalisme exacerbé.

La dérive progressive de la « foi » bolchevique

Il est intéressant, comme cela a déjà été dit, de remarquer que, face à la déroute des traditions religieuses et monarchiques de l'ancienne Russie, le communisme, à ses débuts, adopte une position idéologique forte, quasi religieuse et donc d'essence internationaliste, acceptant la naissance d'une quantité de républiques autonomes et se séparant nettement de la doctrine russocentriste du régime des tsars. Mais ce bel élan dure peu. Durant la guerre civile déjà, une répression féroce s'abat sur l'Ukraine, pour ne citer qu'elle, qui avait manifesté des prétentions à l'indépendance. Et très rapidement, l'internationalisme officiel ne sera plus que la façade derriè-

12. Stefan Zweig, *Mémoires d'hier,* Belfond, 1993.

re laquelle se construit un état hypercentralisé régi par la doctrine « scientifique » que stigmatisait à juste titre Chestov (*cf. supra*).

Nous sommes là pourtant dans la phase « spiritualiste » du communisme sur laquelle nous nous sommes déjà expliqués. Mais, ce qui apparaît remarquable, c'est l'évolution du système face à l'affaiblissement de la « foi » lors de la guerre contre l'Allemagne. Devant le dépérissement des valeurs socialistes provoqué par les purges impitoyables des années 30 et la misère des populations agricoles, devant les succès initiaux de l'Allemagne et la création de l'armée Vlassov, Staline n'hésitera pas à jeter le masque et à appeler au secours le nationalisme le plus traditionnel pour galvaniser ses peuples. La « mère Russie », remise à l'honneur, sans même parler des popes, soudain tolérés, sera la meilleure alliée du communisme de guerre.

Le nationalisme nazi

Quinze ans après la révolution russe, les mêmes causes vont produire les mêmes effets. Après une défaite jamais acceptée, la disparition de l'Empire, l'effondrement du mark, l'affaiblissement des églises et le désarroi des années folles, la crise économique de 1929, qui atteint en Allemagne une force inouïe avec ses six millions et demi de chômeurs, font le lit d'Hitler et d'une soi-disant doctrine qui prétend, elle aussi, à une interprétation globale de l'histoire au nom du national-socialisme, pseudo-philosophie à très forte connotation nationaliste.

Ainsi que l'énonçait très bien Octavio Paz (cf. *supra*), on retrouve en effet dans le nazisme toute la mythologie traditionnelle retournée, mise au service d'une idéologie nationale d'essence totalitaire : Wagner promu au rang de héraut d'une âme allemande guerrière, le droit du sang transformé en doctrine raciale, l'exaltation des valeurs viriles devenue obéissance *ac cadaver* au chef suprême. Mais on assiste aussi à la création des Napolas, textuellement : « établissements d'enseignement national politique »..., ces « châteaux de l'ordre nouveau », sortes de couvents militaires inspirés des forteresses teutoniques où sont exaltées les valeurs nazies. Rappelons qu'il y en eut plus de quarante où fut élevée dans un culte quasi religieux l'élite de la jeunesse, sélectionnée selon des critères raciaux stricts.

Comme la religion « dynamique » au sens bergsonien du terme est seule à posséder la force morale nécessaire pour s'opposer à des doctrines absolutistes dans leurs prétentions à tout expliquer[13], sous la forme du scientisme communiste ou du nationalisme nazi, il est significatif que les seuls individus (ou presque) qui se soient élevés au péril de leur vie contre les dictatures, l'aient fait au nom de l'héritage religieux ou chevaleresque de leurs peuples. En URSS, ce sont le plus souvent les tenants de la religion orthodoxe qui seront persécutés sans pitié par Lénine comme par Staline. En Allemagne, la « Rose blanche » à Munich sera l'émanation des cercles étudiants catholiques, comme les pasteurs Niemeyer ou Bonhoeffer celle de l'Église confessante; et les tentatives infructueuses d'élimination d'Hitler s'exerceront au nom des valeurs traditionnelles de l'armée, ceci culminant avec l'attentat du 20 juillet mené par le comte Stauffenberg, catholique pratiquant et pur représentant du corps des officiers.

Si nous avons insisté sur le cas européen, c'est parce qu'il illustre d'une façon presque caricaturale la substitution du nationalisme à la « foi » en déclin, qu'elle soit d'origine religieuse ou laïque. Mais cette substitution avait l'avantage de donner aux peuples des raisons de vivre ensemble, en un mot une cohésion. Qu'en est-il aujourd'hui?

---

13. Henri Bergson, *Les Deux Sources de la morale et de la religion*, Quadrige poche 2000.

IV
La situation d'aujourd'hui : de l'intégrisme au vide

Beaucoup de différences très importantes nous séparent de la situation d'hier, et il est indispensable d'en faire l'inventaire pour comprendre l'évolution des mentalités à la lumière des excès commis, mais aussi pour tenter d'apprécier les périls de demain. Plusieurs points méritent l'examen.

D'abord, l'évolution très divergente des valeurs religieuses, allant de pair en Occident avec l'apparition de nouvelles idéologies de remplacement et d'un d'individualisme de plus en plus débridé.

Puis, les conséquences « matérielles » de cette évolution, avec la paralysie intellectuelle des uns et la créativité exacerbée des autres, ceci contribuant à une extraordinaire inégalité entre les peuples.

Enfin, les conséquences « philosophiques » de cette même évolution avec une nouveauté terrifiante : l'apparition du fanatique armé…

L'évolution des valeurs religieuses : des divergences menaçantes

Il faut se garder dans ce domaine des généralisations. Certaines analyses sur l'islam d'aujourd'hui qui aboutissent à des conclusions diamétralement opposées (l'islam « apaisé » de Gilles Keppel[14] *versus* l'islam « enragé » d'Oriana Fallaci[15]), devraient nous mettre en

14. Gilles Keppel, *Expansion et déclin de l'islamisme*, Gallimard 2000.
15. Oriana Fallaci, *La Rage et l'Orgueil*, Plon 2002.

garde. Il existe, à l'intérieur même d'un cadre religieux donné, de vastes différences selon les pays ou les zones géographiques concernées. Pourtant, certaines caractéristiques communes apparaissent.

Ainsi, que la prospérité mène au matérialisme, et celui-ci à l'affaiblissement des croyances religieuses traditionnelles n'a rien de surprenant. Un ventre plein et en bonne santé est moins conduit à se tourner vers les consolations de la foi qu'un ventre vide. Personne ne saurait lui en tenir rigueur. Qu'un disciple du rationalisme critique hérité des Grecs et adapté à la modernité par Locke ou par Descartes soit moins enclin qu'un esprit moyen-oriental, imprégné dès l'enfance de poésie bédouine, à accepter sans discuter la force révélée d'une sourate du Coran, ne saurait conduire le premier à se glorifier aux dépens du second. Mais l'on ne saurait nier que ces éléments objectifs aient d'importantes conséquences qui méritent d'être regardées de plus près. Nous réserverons pour la deuxième partie de cet ouvrage la question centrale de l'évolution des doctrines religieuses, nous limitant pour le moment à constater les faits.

Le continent européen est sans doute le meilleur exemple du triple effet des excès idéologiques passés et de la prospérité présente sur l'effondrement des valeurs traditionnelles qui y atteint un degré impressionnant. Le corps social européen, véritable laboratoire de la société post-religieuse et post-nationaliste tient debout par la force de l'habitude et tente de tracer une voie nouvelle où l'humanitaire tiendrait lieu de valeur fondatrice. Nous y reviendrons en détail un peu plus loin.

Les États-Unis, bien qu'héritiers de la même tradition culturelle ont échappé, en partie grâce à leur isolement géographique, mais aussi en raison de la méfiance traditionnelle du monde anglo-saxon à l'égard des idées générales, au délire idéologique européen du milieu du vingtième siècle. Leur empirisme naturel, qui se méfie du « beau discours » et ne se rend pas facilement devant l'intelligence (attitude de boutiquiers, diront les tenants du verbe), leur a évité l'abdication devant la tyrannie intellectuelle que dénonçait Chestov. Remarquons au passage l'influence du milieu ambiant sur l'intelligentsia (ce qui devrait rendre chacun modeste), puisque la même bourgeoisie cultivée juive qui dans la Russie impériale a donné son élan au marxisme, l'a repoussé avec force aux États-Unis. De l'influence de l'ascenseur social sur les idées philosophiques...

Voici donc le pays « béni » cher au président Reagan protégé pour le moment de la crise de confiance dans ses valeurs traditionnelles qui mine le continent européen. Les traditions religieuses, l'appel à Dieu en toutes circonstances, prouvent, s'il en était besoin, la permanence du socle culturel américain. On pourrait même dire que le sursaut patriotique entraîné par les événements du 11 septembre 2001 joint à l'influence proprement politique qu'ont réussi à conquérir les milieux évangéliques conservateurs, a abouti à un certain « réarmement moral ».

Il reste que le pays « aimant le travail et craignant Dieu » a été largement contaminé par un matérialisme omniprésent et un individualisme outrancier. Sa cohésion nationale, pour forte qu'elle soit, pourrait être ébranlée par des événements imprévus. Rappelons que la défaite au Vietnam avait paru donner le signal d'une perte de foi en eux-mêmes des États-Unis à l'époque de Johnson et de Carter. Des difficultés prolongées en Irak et/ou une crise économique sapant un des piliers de l'imperium, pourraient fort bien menacer un système de pensée dont les fondements demeurent fragiles.

L'ex-URSS constitue un cas à part. Pays profondément religieux par le don qui est le sien de la compassion et qu'ont si bien illustré ses écrivains, de Dostoïevski à Soljenitsyne, la Russie est revenue vers l'orthodoxie avec la passion de l'enfant qui retrouve sa mère après une longue absence. Si l'on y ajoute la misère matérielle à laquelle les populations ont eu et ont encore à faire face, il n'est pas surprenant de noter un réveil important de la foi religieuse dans ce pays. Il faut s'en réjouir, ce rempart ayant sans doute permis d'éviter les terribles convulsions qui auraient pu accompagner la chute du régime communiste. Mais le déclin démographique et l'alcoolisme généralisé sont des indices qui ne peuvent tromper d'une grave perte de confiance du pays en son destin.

L'Asie, qu'elle soit bouddhiste, hindouiste ou taoïste a peu connu dans le passé de véritables guerres de religion (à l'exception des guerres avec l'islam qui étaient de nature défensive), en l'absence sans doute de révélations contradictoires. Désormais, globalement engagée sur la voie du développement, elle gère avec une relative sagesse l'adaptation au monde moderne de ses divers corpus spirituels et peut espérer prendre une revanche longuement attendue sur les tenants des religions du Livre, aujourd'hui confrontées à l'étendue de leurs désaccords.

Reste donc le cas des ***pays islamiques*** confrontés à un activisme croissant de minorités intégristes. Il convient d'aborder leur cas avec estime et modestie, mais sans indulgence indue.

L'islam ne saurait se comprendre sans ses origines. Religion née dans un milieu travaillé par des guerres tribales incessantes, contrairement au christianisme voyant le jour au sein d'un Empire romain à l'apogée de sa puissance (et qui tolérait donc, au moins au départ, une doctrine prêchant la compassion pour les faibles), il a dès le premier jour adopté une position de combat. Sans cette tare initiale, il n'aurait pas eu la moindre chance de s'affirmer et a d'ailleurs bien failli succomber sous les coups d'opposants déterminés. Compte tenu de ce contexte guerrier, on ne peut qu'admirer le ferment civilisateur que la révélation reçue par Mahomet a introduit dans le Coran, en s'efforçant de promouvoir des valeurs avant tout spirituelles et en assurant aux plus vulnérables une place qui leur était jusque-là déniée. Mais le vice originel est plus que profondément ancré, il est congénital : L'islam est une religion faite par et pour des guerriers, religion qui déclare licite l'appropriation des personnes et des biens des « pays de la guerre » (*dar al-harb*) par n'importe quel musulman, et qui accorde aux autres : « infidèles » vivant en terre d'islam (*dar al-islam*), femmes, esclaves, l'attention que le combattant accorde aux auxiliaires soumis. C'est d'ailleurs ce qui lui a permis de conquérir avec une aisance stupéfiante tant de peuples en si peu de temps. Le *djihad*, ce mot aux mille usages, signifie certes la lutte contre soi-même, mais il se transpose tout aussi bien en lutte contre les ennemis de la Foi, notion floue permettant toutes les interprétations. Les innombrables guerres saintes qui ont marqué son histoire sont là pour en attester.

Certes l'islam est divisé, et même profondément divisé : sunnites, chiites, ismaéliens, druzes, etc., s'opposent sur des points essentiels auxquels s'ajoutent les critères proprement ethniques séparant Arabes, Turcs, Persans, voire Égyptiens (sans même parler des musulmans indonésiens, singapouriens ou autres). Ce sont bien de ses différences qu'ont joué avec talent les éphémères rois de Jérusalem et après eux les Britanniques, mais contre l'agression extérieure, tout spécialement occidentale, le sentiment de l'Oumma, de l'unité originelle, reprend sa force.

Prêcher la tolérance à un tel adversaire n'a guère de signification. Un guerrier accorde de bon gré une tutelle bienveillante à celui dont il dispose parce qu'il est en situation manifeste d'infériorité. C'est le cas de l'Empire ottoman à son apogée, tolérant la présence sur son sol de nombreux chrétiens ou juifs (les *dhimis*), moyennant paiement de l'indemnité prévue dans le Coran (la *jyzia*, pour nous la « dîme »). Il sait aussi courber le dos lorsque la trahison des élites, leur asservissement aux puissances étrangères ou une situation de faiblesse extrême ne lui laissent pas d'alternative (attitude de l'Empire ottoman en voie de désagrégation, laissant sans protecteur et sans calife des millions de musulmans désemparés). Mais que l'occasion lui soit donnée de relever la tête, et il réagira avec toute la force que donne au croyant la certitude de son bon droit. Pour peu que l'on y ajoute l'humiliation du même croyant convaincu d'avoir raison face à « l'impie » dont la souplesse d'esprit maîtrise avec aisance des contradictions dont il ne peut se dépêtrer et dont les mœurs « dissolues » s'accompagnent fort bien du progrès technique et même du progrès social, alors la réaction deviendra vite acharnement, voire haine. Comment moi, vertueux et pauvre musulman, assuré de la vie éternelle pourvu que je combatte l'infidèle, pourrais-je tolérer le triomphe du mécréant qui se vautre dans sa fange avec toutes les apparences du succès? C'est bien ce à quoi nous assistons aujourd'hui. La révolte désespérée de l'islam, n'est autre que l'association explosive des certitudes du « vrai » croyant avec un formidable complexe d'infériorité.

Cette réaction meurtrière est-elle contrôlable? On peut en douter, car elle n'est pas conforme aux origines de la religion de Mahomet. Bien entendu, il existe au sein de celle-ci de nombreuses élites cultivées qui ont bien analysé le phénomène, tel l'auteur du remarquable ouvrage *Islam et liberté*[16], Mohamed Charfi, ancien ministre tunisien de l'Éducation, mais ces élites seront toujours suspectes en raison de l'interprétation permanente de la lettre à laquelle les contraint l'acceptation de la modernité. Interpréter, c'est renier, voilà ce que répètent inlassablement les docteurs de la Loi. Terrible dilemme dont la solution apparaît quasi impossible, ceci d'autant plus que l'islam, dernière née des grandes religions révélées, est profondément convaincu de détenir l'ultime vérité. La responsabilité des élites est le centre même de cette réflexion; nous y reviendrons.

Le cas de l'Europe

Nous allons maintenant revenir en détail sur le cas européen qui fournit un magnifique exemple d'enchaînement des causes et des effets sur les données de notre époque.

L'Europe s'est tellement grisée d'idées fausses au cours du vingtième siècle qu'il n'est pas surprenant, au début du vingt et unième, de la voir affligée d'une « gueule de bois » idéologique de première grandeur. La réaction d'une grande partie de la jeunesse à

16. Mohamed Charfi, *Islam et liberté,* Albin Michel, 1998.

l'égard des soi-disant princes de la pensée est absolument légitime : les folies de leurs aînés sont encore dans leur mémoire, et il n'est sans doute pas inutile de se pencher sur le processus qui a abouti à la situation d'aujourd'hui.

Il est bien connu, pour reprendre notre comparaison astronomique, que la durée d'existence d'une supernova est limitée et qu'elle s'effondre rapidement sur elle-même pour donner naissance au « trou noir » des astronomes dont aucune lumière ne parvient plus à s'échapper. Constatons ainsi qu'après l'affaissement du troisième Reich entraînant avec lui les nationalismes épuisés par leurs excès, l'écroulement de l'Empire soviétique miné par sa perte de sens et l'effondrement poursuivi des valeurs religieuses, le cycle a abouti à l'hédonisme européen actuel, atténué par une valeur de remplacement molle : l'humanitaire, pâle substitut des vérités d'autrefois. Une lumière sort-elle encore de ce trou noir-là ? La question peut se poser…

Pour dire les choses autrement, si en 1914 la cohésion de la plupart des peuples européens ne prêtait pas à discussion tant à l'échelon collectif (en raison de valeurs héroïques venues d'un lointain passé), qu'à l'échelon individuel (en raison de la persistance de courants de pensée religieux forts), le tout aboutissant à un évident trop plein idéologique, nous en sommes aujourd'hui arrivés largement à l'inverse : *l'Europe est devenue un continent idéologiquement vide.*

Heureusement, et grâce à la vision prophétique de grands hommes d'État comme Winston Churchill, Robert Schumann, Jean Monnet, Konrad Adenauer et autres, s'est construit l'édifice politique original que nous connaissons. L'Europe est aujourd'hui une manière de grande Suisse prospère, mercantile à la façon américaine (mais sans la Bible) et il n'est pas absurde de dire qu'elle est devenue, contrairement aux deux Amériques ou *a fortiori* au monde musulman, le premier continent « areligieux » de l'histoire, tant l'indifférence à l'égard de la spiritualité y est maintenant répandue.

Or un « pays » dont le socle culturel ancien vacille est un « pays » menacé. Rappelons-nous l'Empire romain miné par l'afflux incontrôlable des peuples et religions nouvelles, la royauté française face aux encyclopédistes, l'URSS dévorée par le délabrement de ses références communistes. La construction européenne n'a pas apporté de valeurs de remplacement d'un poids suffisant et le contexte actuel de confrontation avec des philosophies intégristes d'essence totalitaire rend la situation particulièrement dangereuse.

Certes, les peuples européens ont inventé un modèle politique original, mais si compliqué qu'il devient difficile à expliquer aux générations nouvelles. Il faut espérer à ce sujet que la future Constitution sera suffisamment explicite pour être compréhensible par tous.

Certes, ils glorifient leurs navigateurs solitaires ou leurs alpinistes de l'extrême, ultimes parangons des valeurs héroïques d'autrefois.

Certes, ils exaltent les valeurs humanitaires, substitut évident des valeurs religieuses de dévouement et de charité.

Certes, ils ont élaboré une charte des droits fondamentaux, dernier perfectionnement du droit romain protégeant l'individu contre l'oppression des États…

Mais l'Europe, en tant qu'entité, reste désespérément dépourvue de sens, de ce corpus spirituel, de cette mythologie des origines, qui seul permet aux peuples de traverser les épreuves sans désespérer. Rappelons-nous Renan :

« Avoir des gloires communes dans le passé, une volonté commune dans le présent; avoir fait de grandes choses ensemble, vouloir en faire encore, voilà les conditions essentielles pour être un peuple[17]. »

Face aux dangers qui menacent l'Europe, il serait certainement utile que se crée à l'échelle du continent un centre de réflexion où se retrouveraient pour un temps les meilleurs esprits : cinéastes, écri-

17. Ernest Renan, *Discours et conférences,* Pocket, « Agora », 1992.

vains, artistes, à charge pour eux de définir le socle culturel de la citoyenneté nouvelle.

Mais à supposer même que la partie collective du « sens » soit ainsi reconstituée, une autre question se pose : des valeurs collectives peuvent-elles prétendre remplacer le vide créé dans les consciences individuelles par la dé-spiritualisation du continent? Rien n'est moins sûr. La conscience collective est une composante nécessaire à toute société, mais l'absence de doctrine à l'échelon individuel est un facteur de faiblesse de l'édifice tout entier... Le sujet sera réexaminé par la suite.

En résumé, l'Europe, laboratoire vivant de la société post-industrielle, post-religieuse et post-nationaliste, constitue, avec l'émergence laborieuse en son sein de valeurs de remplacement, le bastion avancé des interrogations de notre temps, et tout ce qui la touche a valeur d'exemplarité pour l'avenir des sociétés démocratiques. Il n'est aucune raison de désespérer mais la dénatalité qui la mine, à l'instar de celle qui sévit en Russie et qui affecte particulièrement les pays autrefois catholiques fervents, est un signe qui ne trompe pas : L'Europe est engagée sur la deuxième marche de la décadence et celle-ci est sans doute irréversible, sauf si une profonde renaissance spirituelle au sens large parvient à se manifester.

Ceci est d'ailleurs vrai à l'échelle de l'Occident tout entier, moins atteint aujourd'hui parce que moins avancé dans l'inexorable évolution qui l'attend, mais tout aussi menacé à terme.

Les conséquences matérielles : créativité et sous-développement

Même si Toynbee voyait dans l'évolution du rôle relatif de l'archer monté et du fantassin (le cataphracte oriental *versus* le légionnaire) une des causes majeures de l'effondrement de l'Empire romain[18], même si l'apparition de la poudre a été déterminante dans

18. Arnold Toynbee, *op. cit.*

l'évolution de la conduite de la guerre, et l'on pourrait citer mille autres exemples, il semble bien que le progrès technique exerce aujourd'hui une influence plus forte que jamais sur le mouvement de l'histoire. Pour la première fois, ce progrès ou plutôt la rapidité de son évolution, a provoqué l'affaissement brutal d'empires pourtant solidement implantés. Certes l'Union soviétique était un géant aux pieds d'argile, car miné par l'affaiblissement des valeurs qui avaient fait sa force; il n'empêche que le rythme de son effondrement a été grandement accéléré par la guerre des étoiles lancée par le président Reagan. La lourdeur bureaucratique du régime, sa difficulté à s'adapter à la course technologique folle qui lui était imposée ont fait éclater les limites d'un système à bout de souffle qui a alors littéralement implosé.

Il n'est pas inutile à ce stade de s'interroger sur les causes profondes de l'extraordinaire dynamisme créatif dont fait preuve l'Occident, et tout particulièrement les États-Unis. Existe-t-il un lien entre cette créativité et l'affaiblissement de la religion « officielle »?

La réponse est oui, et elle a été largement analysée par de nombreux auteurs. Pour s'exercer sans entrave, la créativité exige un horizon intellectuel débarrassé de tout *a priori* religieux. Ce n'est pas un hasard si la science a connu un essor prodigieux à l'époque de la Renaissance, le développement de l'esprit critique lié à la Réforme n'ayant fait qu'accélérer le phénomène. La thèse est bien connue.

Pour exprimer différemment cette idée, disons que l'amour de la liberté intellectuelle qui est le propre de l'Occident a abouti à une société qui parvient à gérer, au niveau des élites tout au moins, d'immenses différences : couleurs de peau, religions, attitudes sexuelles, croyances politiques, etc. Ce caractère multiforme des démocraties occidentales, ce respect profond (avec une éclipse aux États-Unis depuis septembre 2001) des libertés individuelles, cette souplesse d'esprit héritée de l'analyse critique hellénique qui leur valent dans le monde la même haine des partisans de l'unité à tout prix (bolcheviks et nazis d'hier, islamistes d'aujourd'hui...), constituent à l'évidence un terreau très favorable à l'innovation. Les discussions ouvertes sur tous les sujets sans interdit, le rôle important des femmes dans la société, sont autant de ferments qui drainent vers une créativité sans entrave les forces vives de la société.

Il faut noter à ce propos que l'histoire offre de multiples exemples liant contradictions internes et créativité. Le bouillonnement d'idées de la Révolution française générant en quelques courtes années Carnot, Laplace ou Berthollet, l'Allemagne de Weimar déchirée par la défaite et sécrétant Max Ophüls, Ernst Lubitsch ou Werner Heisenberg, contrastent avec l'Espagne rigidifiée des rois catholiques ou l'URSS de Brejnev sombrant peu à peu dans le conformisme. La leçon est toujours bonne à prendre et les sociétés bloquées de l'islam en sont un contre-exemple frappant... Où règne le dogme, la paralysie guette.

Pour en venir au cas particulier des États-Unis, il est clair que le rôle excessif du roi dollar, la naïveté d'un président déclarant : « nous savons à quel point nous sommes bons[19] », constituent d'évidentes limites à la diffusion d'un modèle dont la base philosophique est plutôt mince. Mais, il n'en reste pas moins que les succès de la technologie américaine fascinent le monde entier, provoquant par là même la fureur, voire la haine, d'un certain nombre de tenants de sociétés plus hiérarchisées.

Il est vrai aussi que, faute de contre-modèles crédibles, celles-ci ont le plus grand mal à être perçues comme autre chose que le reflet d'un passéisme désespéré et désespérant...

L'intolérable sous-développement

Tout cela resterait du domaine de l'analyse en chambre si les conséquences n'avaient pas atteint matériellement un degré terrifiant. Même si les causes de l'inaptitude au développement, qu'elles

---

19. Georges W. Bush, cité par William Pfaff, *op. cit.*

soient d'origine religieuse, tribale ou autre, sont répertoriées, même si on peut dire d'une certaine façon, les causes entraînant les effets, que chacun a une large part dans son propre malheur, les résultats ont atteint un tel degré qu'il n'est plus possible de se contenter de les constater.

L'opulence qui est celle de l'Occident, ou, pour faire simple, celle des héritiers de la pensée grecque, rationnelle et indépendante, a atteint un degré inouï. Jamais nos ancêtres n'auraient pu imaginer les vacances et l'automobile pour tous, pas plus que la médecine quasiment gratuite, privilège de l'Europe. Ce sont là des conquêtes dont nous pouvons nous enorgueillir et qui sont le résultat de siècles d'esprit critique, de luttes sociales et de démocratie. Mais il est juste de dire que ces conquêtes ont un prix, que l'exploitation abusive des ressources de la planète s'est faite au bénéfice de quelques-uns, que la main-d'œuvre bon marché des pays pauvres représente d'une certaine façon l'esclavage des temps modernes. Quand, au début du vingt et unième siècle l'habitant de Katmandu continue à laver sa vaisselle dans un caniveau qui charrie toutes sortes d'immondices alors que celui de San Francisco en est à envisager de lui rendre visite pour la troisième fois pour mieux le photographier dans sa pittoresque misère, on se dit que l'écart entre riches et pauvres, entre malades et bien portants a vraiment atteint des sommets insoutenables.

Il faut le dire clairement, il ne s'agit pas du devoir humanitaire cher à juste titre aux Européens face aux catastrophes naturelles de toutes natures, le problème est beaucoup plus large. Tant que les pays développés se contenteront de 0,6 pour cent de leur produit national brut comme *objectif* de leur aide aux pays pauvres, la haine continuera à monter contre eux. Un chiffre qui commence par zéro est d'ailleurs un symbole en soi. De nombreux pays autour de nous crèvent littéralement de misère, ils manquent de tout, de réseaux d'eau potable, de routes, de machines agricoles, de chacune des infrastructures qui font la modernité. Il faudrait un immense plan de redistribution à l'échelle planétaire, il faudrait que nous acceptions de *baisser* un tant soi peut notre niveau de vie pour aider ceux que les hasards de la naissance n'ont pas dotés des atouts nécessaires. Alors, peut-être, les yeux de ceux qui nous haïssent tant auraient-ils une petite chance de s'ouvrir, peut-être aurions-nous la faculté de semer nos idées de démocratie dans un terrain un peu plus fertile que le champ de mines d'aujourd'hui.

Car, et pour en terminer, il faut rappeler que jamais dans l'histoire, les différences de niveau de vie n'ont atteint de tels sommets. L'écart entre un patricien de Rome et un Nubien vivant en économie de subsistance n'avait rien à voir avec celui qui sépare l'Américain *moyen* du Soudanais d'aujourd'hui. Nous sommes les témoins passifs d'un scandale inouï, d'un égoïsme insensé à l'échelle planétaire et, même si la misère des uns et la richesse des autres peuvent trouver leur explication, nous risquons de payer le prix du sang pour nous être bouché les yeux. La survie de notre propre société est en jeu si nous continuons à ignorer superbement la détresse matérielle de nos voisins. L'altruisme ne fait ici que rejoindre la nécessité.

Les conséquences philosophiques : l'apparition du fanatique armé

Le déclin des valeurs religieuses en Occident voisinant avec une insolente prospérité, le soupçon fondé que celle-ci est liée à la liberté de pensée qui y règne ne peuvent que renforcer la haine des intégristes religieux qui constatent avec rage la paralysie intellectuelle et l'infériorité matérielle de leurs adeptes. L'Occident au sens large ayant mis au point des armes d'une telle puissance qu'elles sont capables, utilisées sans discernement, d'anéantir toute l'humanité, riches et pauvres confondus, il a suffi que quelques miettes de ce fabuleux potentiel militaire se diffusent plus ou moins clandestinement entre des mains fanatiques pour que nous découvrions, tremblants, le résultat de notre propre folie. Et nous en sommes au point d'envisager pour nous sortir d'affaire, d'attaquer *préventivement* ceux qui nous détestent, au nom d'une manière de principe de précaution à l'échelle planétaire !

Il ne s'agit pas de contester, pour le principe, telle ou telle initiative particulière, il s'agit plus généralement de nous interroger sur l'incroyable bonne conscience que manifeste une telle attitude.

Eh quoi, semblons-nous dire, vous avez été assez lamentables pour ne pas vous élever à notre niveau alors que l'argent (pour certains) de votre pétrole vous le rendait possible, votre religion rétrograde vous a maintenu dans l'obscurantisme et ne voilà-t-il pas que vous contestez notre droit à profiter de notre richesse, alors que pour reprendre la terrible expression d'un président « nous sommes si bons »? Halte-là! Nous nous réservons le *droit* unilatéral de vous attaquer *préventivement* pour vous apprendre par *a* plus *b* le sort que nous réservons à ceux qui ne nous aiment pas!

Ne voit-on pas qu'à moyen terme, ce raisonnement est suicidaire? Qu'il ne peut déclencher contre nous que plus de haine et de désespoir. Un minimum de clairvoyance devrait nous conduire tout droit à la conclusion que seule la générosité peut sauver l'humanité du désastre qui se prépare.

De plus, l'analyse intellectuelle du phénomène est beaucoup trop courte. Car l'origine du drame ne gît pas uniquement, comme beaucoup aiment à le répéter, dans les disparités de développement. L'examen auquel nous avons prodédé conduit en effet à penser que ces disparités elles-mêmes procèdent aussi de blocages d'origine philosophique et religieuse. En refusant d'accepter cette évidence, nous ne facilitons pas la prise en compte du problème. Le fanatique armé se nourrit de frustrations, mais également de la certitude de son bon droit. Personne n'a jamais donné sa vie sans de puissantes raisons et le vocable de terrorisme ne fait que recouvrir l'impuissance de l'Occident à remplir le vide spirituel qu'il a contribué à créer.

Conclusion de la première partie

Après l'examen de l'évolution du fait religieux en tant que facteur de cohésion sociale, l'examen des solutions de remplacement et l'analyse de la situation actuelle avec ses redoutables divergences, le moment est venu de nous poser les questions qui font l'objet de cette étude :

La situation mondiale est-elle, *en l'état*, viable à moyen terme ? Une renaissance spirituelle est-elle de nature à remédier à sa fragilité ?

À la première question, il faut répondre résolument non. La misère spirituelle des uns voisinant avec l'ébullition religieuse des autres, l'extrême richesse de quelques-uns côtoyant la misère du plus grand nombre, des armes de destruction massive mises à disposition de quelques fanatiques par des irresponsables, tous les ingrédients de l'explosion sont réunis et celle-ci risque d'atteindre une violence inouïe.

Il est vrai que les optimistes objecteront que la coalition de la puissance militaire américaine et de la sagesse des gouvernants devrait parvenir à canaliser les ressorts de la « catastrophe annoncée » dont nous avons souhaité faire le titre de cette première partie, mais on peut craindre qu'ils cherchent à se duper eux-mêmes.

Un jour ou l'autre, la haine des ventres vides et des cerveaux dérangés se heurtera à la bonne conscience des nantis, des confrontations régionales, voire internationales, à forte connotation religieuse ne pouvant être exclues. Et ce jour-là, la victoire de la technologie ne sera pas acquise. Car il s'agira d'être prêt à donner sa vie sans compter, et, à ce jeu, c'est presque toujours le plus convaincu, non le plus riche, qui gagne. Tel est bien le calcul de l'islamisme radical et il n'est pas certain qu'il ait tort.

Sans doute la foi des États-Unis en eux-mêmes, leur relative homogénéité religieuse et leur force militaire, peuvent-elles faire de leur territoire un sanctuaire, au moins partiel, mais elle ne saurait protéger globalement le monde de la rage planétaire que leur puissance même a engendrée et qui s'étend à l'Occident tout entier.

Quant à l'Europe, elle est la caricature de la proie en apparence facile, en apparence seulement, parce que la faculté de résistance des démocraties est plus forte qu'on ne le croit. Mais elle risque d'avoir beaucoup de drames à surmonter avant de retrouver sa pugnacité face à des agresseurs misant sur sa faiblesse supposée. Car les fanatiques, eux, n'ont jamais cru au courage que donne l'amour de la liberté.

Si rien n'est fait pour réduire les tensions nées des diverses fractures étudiées plus haut, la plus grave de toutes relevant de la perte de sens dont souffre une grande partie de l'Occident, il est quasi certain qu'une ou plusieurs confrontations majeures se produiront à terme plus ou moins bref, leur essence pouvant revêtir les formes les plus variées.

À vrai dire, elles ont déjà commencé. Le 11 septembre 2001 est la première manifestation de cette évidence et le sursis dont nous disposons est provisoire : la puissance et la bonne conscience des États-Unis d'Amérique n'y changeront rien.

À la seconde question, il est trop tôt pour répondre. Ce sera l'objet des deux parties suivantes : il est temps de commencer l'inventaire des spiritualités disponibles et de poser la question de leur adaptation à notre temps.

DEUXIÈME PARTIE

Une nécessaire refondation

I
Unité et contradictions

Le moment est maintenant venu de tenter de se projeter dans le futur pour contribuer à la solution des problèmes du présent. Nous commencerons par étudier les raisons d'ordre philosophique qui ont régulièrement entraîné l'humanité dans des ornières mortifères avant de réfléchir aux modifications prévisibles de son environnement. Ce n'est qu'après qu'il sera possible de nous poser la question de l'*aggiornamento* spirituel, ô combien difficile, nécessaire à l'avenir qui nous attend.

L'unité affirmée, fourrier de tous les crimes

La recherche de l'unité est le plus terrible piège tendu à l'humanité dans sa recherche du sens. Reprise sous une forme normative par les diverses religions en vigueur, que ce soit sous leur forme originelle ou sous la forme dégradée du nationalisme, récupérée à leur profit par les régimes autoritaires, l'unité sous sa forme doctrinale a toujours servi de moyen de coercition. Des hérétiques ont été brûlés par milliers, des innocents sont montés à l'échafaud par troupeaux entiers, d'innombrables crimes ont été commis en son nom, le tout au milieu de l'indifférence générale.

Dès lors que la vérité règne, la notion contraire, aussitôt qualifiée d'hérésie, est au cœur de la problématique sociale, et qui dit hérésie entend déjà répression. Tout au long de l'histoire monte vers nous le gémissement des martyrs et le ricanement des bourreaux. La devise de l'hitlérisme : *Ein Volk, ein Reich, ein Führer* (« Un peuple, un empire, un guide »), est, si l'on peut dire, l'archisymbole de l'unité, elle porte en soi la condamnation à mort de tout ce qui n'est pas conforme, elle inspire déjà les tortionnaires des camps de la mort. Il est bien connu qu'Eichmann n'a éprouvé aucun remords en organisant son horrible tâche et, par-delà l'obéissance *ac cadaver* souvent attribuée aux Allemands, on peut discerner sans difficulté l'effroyable bonne conscience d'un adepte convaincu de la vérité du jour. *Ein Volk* voulait dire pour lui (et pour bien d'autres) qu'il n'y avait pas de place en Allemagne pour un autre peuple que les Aryens de pure souche, notion des plus floues qui a pourtant permis à la machine de mort de se mettre en route sans état d'âme superflu.

Ce que nous venons de dire est applicable quasi à l'infini. Le concile de Constance a brûlé Jean Hus, le dogme a failli en faire autant de Galilée, d'innombrables sorcières et autres possédés du démon ont fini sur le bûcher pour avoir manqué à la vérité officielle, les dragons ont rôti les pieds des camisards, l'islam a exterminé des populations entières au nom d'Allah, quant aux fanatiques d'aujourd'hui, ils assassinent tous les jours des innocents en Algérie comme ailleurs. Et, lorsque la vérité religieuse a donné des signes de faiblesse, on s'est dépêché de lui inventer un substitut. Robespierre a brandi l'unité révolutionnaire comme un étendard en poussant André Chénier à la guillotine, Staline a liquidé Kamenev, Zinoviev, Trotski et tant d'autres au nom de l'unité de la Révolution mondiale, et j'en passe. Quant au dix-neuvième siècle, il a consacré ses meilleures forces à la création d'une unité de remplacement qui a fait le lit des crimes les plus atroces. Le principe des nationalités cher à Talleyrand est le plus horrible fossoyeur de tous les temps.

Bref, si la recherche de l'unité est certainement belle, voire admirable dans son principe, elle aboutit dans la pratique aux plus effrayants errements. L'homme qui se met à sa poursuite risque de se prêter *nolens volens* à toutes les déviations mortifères, simplement parce qu'il ne veut pas accepter de se regarder en face.

L'unité nécessaire ?

C'est là qu'intervient le paradoxe qui va nous mener à la suite de ce travail. L'Unité en tant que principe abstrait est une redoutable pourvoyeuse de mort, mais une civilisation ne peut vivre longtemps sans référence fédératrice d'aucune sorte. Elle a besoin de rassembler ses citoyens autour d'explications du monde convaincantes, cosmogonies aussi englobantes que possible, qu'elles soient d'origines religieuses ou laïques. Et le moins que l'on puisse dire, nous en avons amplement parlé, c'est que les valeurs d'origine laïques n'ont pas fait, au vingtième siècle tout au moins, la preuve de leur bénignité...

Ceci n'est sans doute pas le fruit du hasard, car ces valeurs laïques, d'ordre rationnel et analytique au départ, et donc discutables, ne pouvaient par leur nature même, répondre au besoin irrépressible de l'homme de placer sa vie sous le terrible signe de la certitude. Elles ont donc été tout au long de l'histoire « durcies » par des gens qui rejetaient sans aucun doute la tyrannie comme forme de gouvernement, mais qui en ont été les fourriers. Ni le Marx du *Capital*, ni le Gobineau de l'*Essai sur l'inégalité des races humaines* n'auraient pu imaginer les excès commis au nom de leurs idées, mais c'était sans compter avec le zèle évangélisateur de leurs adeptes.

Il faut constater en tout cas qu'à défaut de références spirituelles, l'humanité risque de sombrer dans une autre tyrannie, celle du « marché », en apparence pourvoyeuse de biens, en fait organisatrice de la médiocrité. Relisons le texte prophétique de Tocqueville :

« Je veux imaginer sous quels traits le nouveau despotisme pourrait se produire dans le monde : je vois une foule innombrable d'hommes semblables et égaux qui tournent sans repos sur eux-mêmes pour se procurer de petits et vulgaires plaisirs dont ils emplissent leur âme. Chacun d'eux, retiré à l'écart, est comme étranger à la destinée de tous les autres : ses enfants et ses amis forment pour lui toute l'espèce humaine; quant au reste de ses concitoyens, il est à côté d'eux, mais il ne les voit pas[1]. »

1. A. de Tocqueville, *De la démocratie en Amérique*, Gallimard « Folio histoire », 1986.

Il est dès lors temps d'en venir à deux interrogations fondamentales :

D'abord en quoi le monde a-t-il changé ? De nouveaux changements sont-ils inéluctables ? Ne vivons-nous pas l'éternelle obsession du contemporain qui voue le passé à la nostalgie parce qu'il redoute l'avenir ?

S'il apparaît en effet que nous sommes à la veille de grandes mutations, les religions « disponibles » peuvent-elles combler le vide qui apparaît de plus en plus évident face aux exigences d'aujourd'hui et *a fortiori* de demain ?

II
La diaspora des étoiles

L'avenir est devant nous. Mais que sera-t-il? Allons-nous y trouver la reproduction des modèles anciens, ou l'humanité va-t-elle s'engager dans une voie radicalement nouvelle? Le passé peut-il éclairer l'avenir?

Pouvons-nous nous contenter d'un monde fini?

Du lointain des âges monte la rumeur de l'humanité en marche. Vers quoi, elle ne le sait pas elle-même, mais en marche. Cela commence par les milliers de générations sans visage dont le souvenir ne s'est pas transmis jusqu'à nous et qui pourtant ont accompli un destin prodigieux : Asiates traversant le détroit de Bering alors à sec pour aller peupler l'Amérique, ancêtres des Huns galopant au travers des steppes en direction d'un couchant inconnu, navigateurs bravant la fureur des flots sur des radeaux de fortune pour assouvir leurs rêves de découverte. De tous ceux-là, les plus nombreux pourtant, il ne nous est rien parvenu sinon leurs descendants, nous-mêmes, qui portons au fond de nos consciences le souvenir confus de ce qu'ils ont été.

Puis, apparurent ceux qui ne purent supporter de disparaître sans laisser de traces : chasseurs de Lascaux, bergers du Tassili, bâtisseurs de Stonehenge. Ceux-là aussi étaient en route, installés sur leurs terres pour quelques jours ou pour quelques années, et leur témoignage chargé de symboles évoque la splendeur des civilisations disparues. Tous nous appellent à eux sur la mer du temps, naufragés magnifiques emportés par la vague, et notre esprit frémit devant leur message mystérieux.

Longtemps après surgirent ceux qui laissèrent un nom. Comme ils furent chanceux, ceux-là qui disposèrent de l'éternité à leur guise, couchant leur testament dans une langue intelligible à tous : scribes du dieu Amon, chroniqueurs des Ptolémées, compagnons de Pythéas. Et que de noms merveilleux apparurent alors qui chantaient comme des cantiques : pays des Deux-Fleuves, colonnes d'Hercule, Ultima Thulé, que de poésie dans ces époques lointaines où régnaient la cithare et le luth !

Enfin vinrent nos contemporains auxquels il appartint de marquer de leur empreinte les derniers territoires inconnus. Ce fut l'époque du *Magasin pittoresque* et du *Journal des voyages*, du docteur Livingstone et de René Caillié, avec les ultimes blancs géographiques dont ils furent les découvreurs : Tombouctou, les sources du Nil, les chutes du Zambèze, lieux mythiques qui nourrirent l'imagination de nos prédécesseurs…

Et voici que surgit notre temps de satellites et de télévision. Tout est connu, tout est délimité. L'objectif invisible de la caméra traverse nos vies, tel l'œil de Dieu posé sur Caïn. La terre s'étend devant nous sans masque et notre existence mise à nu voit son mystère se réduire chaque jour davantage.

Faut-il donc nous résoudre à contempler un monde fini ? À l'évidence, non ! La race des hommes requiert un objectif plus vaste et son destin ne saurait s'arrêter à de si courtes perspectives. Toute l'histoire est là qui nous montre à quel point la conquête de l'inconnu lui est consubstantielle. Comme l'exprimait fort bien Emmanuel Berl :

« Nous persévérons à vouloir la conquête des espaces intersidéraux, et n'y persévérerions pas moins si nous savions qu'elle devait s'avérer vaine. Ce voyage au bout de soi-même fait toute la valeur des cultures et des personnes[2]. »

2. Emmanuel Berl, *Essais*, Julliard, 1985.

Mais à supposer même que, par un prodige si contraire à sa nature, notre espèce puisse se satisfaire d'une frontière immobile, la question se pose de savoir si elle en aura le loisir ou si, comme si souvent dans l'histoire, le rêve ne fera que s'accorder avec la nécessité.

Il est temps, il est temps…

N'en déplaise aux optimistes de tous bords, il est fort à parier qu'à plus ou moins courte échéance, l'heure des comptes va sonner pour la planète Terre.

Parmi les signes avant-coureurs les plus évidents se trouve la tendance à l'accroissement sans limite du nombre de ses habitants, et parmi les paradoxes les plus effrayants, le fait que cet accroissement soit inversement proportionnel à la prospérité des pays concernés.

Or, cette tendance ne va se modifier que lentement. Sans doute s'agit-il de cette réaction vitale qui répond au besoin d'une communauté de s'affirmer par rapport à celles qui la dominent, économiquement ou culturellement. Les exemples des peuples d'Asie centrale russe, des Arabes du Maghreb ou des Noirs américains, pourtant de races et de religions différentes, sont là pour le confirmer. Immense est le réservoir des frustrations et immense donc le besoin de se compter : la revanche des berceaux ne date pas d'hier. Sauf catastrophe planétaire, l'augmentation de la population des pays pauvres est inévitable pour longtemps.

Sans doute l'humanité sera-t-elle capable de faire face sans trop de dommage à un nouvel accroissement de son nombre. Il est pourtant probable que, conformément à la loi non écrite des espèces, au-delà d'un chiffre que nul ne saurait fixer, des mécanismes autorégulateurs se mettront en place. Ces mécanismes peuvent porter sur le comportement même de l'espèce ou sur son environnement.

En ce qui concerne l'espèce, des phénomènes de fragilisation encore insoupçonnés peuvent soudain apparaître. Qu'il s'agisse du stockage croissant de gènes négatifs dû au quasi-arrêt du processus de sélection naturelle, de l'éclosion soudaine de maladies nouvelles ou de réactions d'agressivité explosives liées aux fortes concentrations de populations urbaines, des processus d'autodestruction peuvent éclater brutalement. Peut-être sont-ce de tels phénomènes qui ont autorisé le développement soudain de la peste jusque-là endémique au Moyen Âge, moment où l'on s'accorde à dire que la population de l'Europe avait atteint un niveau excessif pour l'époque. De même en est-il de certains conflits dévastateurs : expansion soudaine des empires mongols ou guerres européennes de la première moitié du vingtième siècle : la phénoménologie des grands événements de l'histoire est encore dans ses balbutiements et il n'est pas certain que nous puissions faire l'économie de catastrophes de ce type. L'existence de la bombe atomique et l'actuelle pandémie de sida peuvent faire réfléchir…

Quant à l'environnement, le problème est à la mode, mais il n'est que trop réel. Le double phénomène de l'accroissement de la population mondiale et de ses exigences en matière de consommation d'énergie commence à porter atteinte à l'équilibre écologique de la planète. Couche d'ozone, effet de serre, tous ces mécanismes restent à démontrer de façon irréfutable, mais les faits sont là : accroissement de la teneur en gaz carbonique, départ dans l'atmosphère de quantités toujours croissantes de produits toxiques, tout ceci ne peut pas rester indéfiniment sans conséquences.

Bien entendu, dans ce cas comme dans d'autres, il n'est pas interdit de penser que s'engagera entre l'humanité et les dangers qui la menacent la lutte éternelle de la lance et de la cuirasse. Nous avons certainement quelque temps devant nous, mais la règle impitoyable de la nature va peser sur l'homme comme elle a pesé sur les espèces qui l'ont précédé et dont beaucoup ont disparu sans retour.

Ouvrir la route…

Ces prémisses posées, la conclusion est claire : rêve ou nécessité, l'humanité va devoir se préparer à conquérir l'univers. C'est d'ailleurs ce qu'elle a commencé à faire, mais l'échelle de l'effort va devoir considérablement changer.

Quant aux planètes proches, Mars constitue un objectif crédible. Les moyens de l'atteindre, de s'y installer, voire de commencer à reconstituer sur place une atmosphère sont presque réunis. Voilà l'objectif à court terme qui mobilisera, soyons-en sûr beaucoup d'enthousiasme. Il est certain que l'arrivée de cette « nouvelle frontière » va provoquer un fantastique engouement et accélérer les recherches. Mais au-delà ?

Sortir du système solaire paraît aujourd'hui largement chimérique. L'état de la science ne permet ni de réaliser ni même d'envisager une telle perspective, sauf à l'inscrire dans la perspective de voyages millénaires. Devons-nous pour autant renoncer à cette idée ?

La réponse est non. Car l'avenir de l'humanité exige que l'obstacle soit franchi et il le sera… Sans appeler au secours les auteurs de science fiction, gageons que par un biais ou par un autre, l'humanité s'affranchira des frontières que lui fixent aujourd'hui les lois connues de la physique. Certes, cette idée choque nos habitudes, mais souvenons-nous que la terre a été plate avant d'être ronde, que Galilée faillit y gagner le martyre et que l'idée même de changement fait horreur à notre conservatisme instinctif. Si l'on admet que tous les cinquante ans, la science fait aujourd'hui autant de découvertes que durant tous les siècles précédents, il n'est pas besoin de beaucoup de réflexion pour comprendre qu'en quatre générations, nos descendants nous aurons relégués au rang d'estimables primates.

Voici donc la perspective qui semble la plus vraisemblable. Pour être fidèle à sa nature et devant l'apparition de problèmes croissants, l'humanité va se mettre en route. Encore faut-il qu'elle soit pourvue du bagage adéquat. N'oublions pas que par-delà la recherche de l'or et des épices, Christophe Colomb emmenait avec lui la Croix. Même si l'usage qu'il en a fait a été discutable, elle a fourni aux conquistadores plus qu'un alibi : une raison d'affronter la mort au nom d'une foi qui les dépassait.

III
Un bagage inadapté

Voltaire, qui s'opposait à la foi naïve de Rousseau dans la bonté de la nature humaine, aimait à dire : « Tout ira mieux un jour, voilà notre espérance. Tout est bien aujourd'hui, voilà l'illusion[3]. »

On ne saurait mieux affirmer sa foi dans le progrès humain. Qu'aurait dit le pamphlétaire devant la perspective que nous venons de dresser? Nul ne peut le dire. Mais ce qui est certain en tout cas, c'est que l'ampleur du défi à relever ne comportera pas que des aspects techniques. Pour affronter la solitude qui le guette dans le ciel, pour faire face à l'angoisse de sa vie au milieu du cosmos, l'homme va nécessiter un bagage spirituel lui permettant de donner un sens à ces expériences, sens sans lequel il court le risque de sombrer dans la terreur et peut-être la folie.

Mais pour reprendre la logique voltairienne qui considère qu'il importe aussi et surtout de se pencher sur le présent, nous devons considérer que le but à moyen terme s'il est utile pour mettre en perspective les problèmes de notre condition, ne saurait nous dispenser de nous pencher sur ceux que nous affrontons *hic et nunc*. Le spectacle du monde suffit à montrer qu'il est urgent d'agir.

Nous examinerons la question sous quatre angles successifs :

Les religions ou spiritualités d'aujourd'hui peuvent-elles jouer le rôle indispensable?

3. Cité par Emmanuel Berl, *op. cit.*

Le retour des religions actuelles à leurs valeurs fondatrices est-elle une idée réaliste ?

La tolérance entre les diverses croyances constitue-t-elle une voie en soi ?

La synthèse des vérités communes aux différentes religions est-elle une solution ?

Les religions issues du passé sont-elles capables de relever le défi de notre temps ?

Il faut le dire avec le respect que l'on doit à ses ancêtres : le bagage métaphysique de l'humanité est le produit d'une histoire dépassée. Dépassée d'ores et déjà par rapport à la situation présente, mais immensément dépassée par rapport à la situation de demain.

La plupart des grandes religions d'aujourd'hui, en effet, sont nées entre deux mille cinq cents et mille cinq cents ans avant nos jours. En ces temps anciens, et même si l'héritage culturel d'alors avait permis à la compréhension du monde de franchir quelques degrés, celle-ci demeurait embryonnaire. L'homme se mouvait dans un univers effrayant, marqué de mystères quotidiens et de menaces apocalyptiques : catastrophes naturelles, épidémies, famines. Il ne faut pas s'étonner que cette situation ait abouti à des doctrines mêlant allègrement interprétations eschatologiques et interdits d'ordre moral ou de comportement, reflet des sociétés du moment. Pire encore, les doctrines d'origine ont inexorablement dérivé vers une série de dogmes ou de rites additionnels qui ont alourdi leur message. Et même si ces explications globales du monde ont permis à nos prédécesseurs de traverser de terribles épreuves sans désespérer, il n'est pas scandaleux de dire qu'elles ne sont plus adaptées au monde d'aujourd'hui.

Bien entendu, une convergence s'est manifestée au niveau des élites pour exclure discrètement les aspects les plus inadmissibles des différents corpus religieux, telle par exemple la codification de l'esclavage proposée par le Coran. Mais ces démarches, d'ailleurs

hymne magnifique à la gloire de la beauté, en est une des plus belles illustrations. Le judaïsme ne quitte donc jamais le monde tel qu'il est, mais a peu à peu évolué vers une exégèse sans fin, au point qu'il est parfois difficile de savoir si le fond l'emporte sur la forme. Il faut reconnaître d'ailleurs que cette fantastique et millénaire interprétation a donné à ses adeptes une aptitude sans égale à la spéculation intellectuelle et une très grande souplesse d'esprit. Puissant facteur identitaire, sans volonté aucune de conversion à l'égard des tiers, il a cependant sécrété quelques contrevérités qui pèsent lourd.

La notion de « peuple élu » d'abord est profondément blessante pour tous ceux qui n'appartiennent pas au « peuple juif ».

La position des femmes dans la religion est fortement minorée. Les mâles remercient Dieu tous les matins de les avoir fait naître hommes et même si quelques femmes rabbins ont fait leur apparition, il n'existe aucune « mystique » femme reconnue, pas plus que de femmes qui aient commenté les textes.

De façon générale, le juif « orthodoxe » traîne avec lui une série de dispositions dogmatiques d'ordre pratique tout à fait paralysantes telle l'interdiction de « manger le chevreau cuit dans le lait de sa mère » qui va obliger à posséder deux frigidaires, deux machines à laver…, ceci n'étant qu'un exemple parmi bien d'autres.

Il est intéressant de noter que les deux « religions mères » ont bien campé la thèse et l'antithèse. L'une a apporté à l'homme la présence de Dieu dans son quotidien (on sait que cette façon de concevoir le monde a eu une grande influence sur le culte dionysiaque, et plus généralement sur les religions d'origine indo-européenne, grecque et latine en particulier). L'autre, plus intellectuelle, a mis l'homme devant le mystère d'un créateur omnipotent (pour la plupart des fidèles tout au moins) et omniscient, quoique radicalement absent de la réalité quotidienne. Ces deux grandes attitudes vont ensuite inspirer toutes les autres, celle de la multiplicité baignant le monde oriental, celle de l'unité envahissant progressivement le monde des religions du Livre.

Bouddhisme

Comme cela se vérifiera pour les religions « filles » qui vont suivre, le bouddhisme se crée pour partie en réaction aux excès rituels de l'hindouisme dont il est issu. La multiplicité des dieux et des sacrifices hindous, l'adoption du système des castes, la domination des brahmanes trouvent leur contrepartie dans le bouddhisme, philosophie qui naît égalitaire, ouverte à tous, et recherchant la simplicité et le dénuement. Comme le dit le sutra du cœur :

> Sachez donc que le Bodhisattva
> Ne s'accrochant à rien
> Mais résidant dans cette sagesse transcendante
> Est libre des empêchements de l'illusion[6].

Cette magnifique entrée en matière, cette doctrine du détachement et de la compassion, cette modestie dans l'approche du réel font du bouddhisme un modèle de tolérance et de compréhension, dont l'actuel dalaï-lama est la vivante incarnation. Ce sont d'ailleurs ces caractéristiques qui ont fait de ses fidèles les victimes désignées de religions ou d'ethnies plus agressives, ainsi que l'illustre le sort actuel du peuple tibétain. Mais ces remarquables qualités n'empêcheront pas, hélas, le bouddhisme de tomber avec le temps dans de nombreux travers locaux.

La spiritualité étant souvent devenue, là comme ailleurs, une affaire de prêtres (Ceylan, Cambodge, Tibet, plus spécialement), ceux-ci ont encouragé des dons parfois exorbitants pour ériger et couvrir d'or des statues de taille monstrueuse, la dévotion tournant clairement à l'idolâtrie. La visite d'un certain nombre de sanctuaires, au premier rang desquels le Potala, en témoigne : parcourir ses innombrables salles où d'immenses bouddhas dorés s'exposent à la dévotion des pèlerins dans la demi-obscurité des lampes à huile est une expérience déconcertante.

Une dérive vers la théocratie s'est manifestée dans certains cas,

---

6. *Sûtra du cœur*, extrait, trad. Ar. Buisset dans *La Réconciliation*, éd. Adyar 2000.

en particulier au Tibet, avec confusion entre les pouvoirs politiques et religieux. On ne saurait oublier à ce sujet l'attitude belliqueuse du bouddhisme tibétain au Moyen Âge, à l'égard de son voisin chinois, pas plus que celle, au travers des siècles, de la caste guerrière des samouraïs, pourtant imprégnée de bouddhisme zen.

Taoïsme

Un doute chronologique est ici à signaler : l'origine du taoïsme n'est pas connue avec précision. Certains voient en lui un ancêtre du bouddhisme, la plupart affirment le contraire. Ce qui est certain en tout cas, c'est que le bouddhisme ayant adopté au début de son histoire une position très dépouillée, voire aride, avec une grande insistance sur l'ascétisme spirituel et corporel, le taoïsme privilégie quant à lui le corps en tant que véhicule de la conscience, mais aussi l'intuition, la poésie, le raffinement et l'union avec la nature. Nuages, herbes, barques, sont tous considérés comme des cousins directs de l'homme. Rappelons-nous cette citation délicate attribuée à Wang Wei, poète aux frontières du bouddhisme chinois et du taoïsme :

> Quelle est, demandez-vous,
> L'ultime vérité ?
> Chant de pêcheur dans les roseaux
> Qui s'éloigne[7]…

La calligraphie est une expression stylisée de ce prix donné à la forme poétique, de même que la peinture chinoise de paysages comporte une forte composante mystique. Uni au rythme de l'univers, l'être humain ne « sait » plus rien, mais il « est » tout. La médecine s'efforce de conduire à la santé par la prévention et la connaissance intime du corps, des rites complexes et souvent collectifs permettant à l'homme de s'approcher de la réalisation personnelle.

Mais, là comme ailleurs, des déviations sont apparues. Citons-en quelques-unes :

7. F. Cheng, *Et le souffle devient signe*, L'Iconoclaste, 2001.

L'obsession de la recherche de l'immortalité physique a poussé à l'art de la médecine, mais aussi à des pratiques sexuelles envahissantes : voler l'énergie sexuelle de son partenaire était souvent considéré comme un moyen de prolonger sa propre vie et l'union des deux sexes perçue comme un moyen de parvenir à l'immortalité.

La fascination pour les raffinements et le pouvoir a ouvert la porte à toutes les cruautés. Rappelons qu'un des rôles de l'empereur était de servir de médiateur entre le ciel et la terre, et que le « supplice chinois » était souvent la sanction réservée aux mauvais gouverneurs, supposés responsables des catastrophes naturelles !

Avant de quitter les spiritualités orientales, il faut observer que leur proximité conservée avec l'homme en tant qu'être vivant, et plus généralement avec la nature, les a écartées des errements les plus effrayants propres aux religions révélées. Tout se passe comme si les « religions » de l'Orient fixaient à leur doctrine un cadre multiforme et non dogmatique permettant à chacun de trouver sa place. L'Orient est d'une cruauté dans la guerre qui n'a rien à envier à la nôtre, mais cette cruauté n'a pas ou peu de racines religieuses.

Christianisme

Il est évidemment banal d'observer que le christianisme dérive du judaïsme, mais, selon le principe déjà observé qui veut que la fille s'écarte autant que faire se peut de la mère, les conséquences en seront très fortes.

Le judaïsme ayant créé un Dieu par trop inaccessible sinon par une approche ritualisée à l'extrême, le christianisme insistera sur la figure humaine de Jésus-Christ et sur le beau visage compatissant de Marie. De la même façon, le judaïsme insistant sur la sexualité voulue par Dieu et les rabbins juifs se mariant, les clercs seront chastes, pour les catholiques tout au moins, et ne se marieront pas. Mais ceci sera compensé et au-delà par une union mystique aux contours très imprécis. Comme l'exprime saint Jean de la Croix qui féminise son attitude conformément à l'usage du temps :

Où t'es-tu caché,
Mon aimé, me laissant gémissante ?
Après m'avoir blessée,
Je suis sortie après toi, criant, et tu étais déjà parti[8].

Il n'est pas certain que cette transposition du temporel à l'intemporel, du charnel au désincarné, ait été globalement favorable à la femme. Nier un des instincts premiers de l'humanité est porteur de graves dangers et l'histoire l'a bien montré. La femme aux inquiétants pouvoirs (et souvent possédée, fort à propos, par le démon) préfigure déjà la femme impure et redoutée de l'islam.

Mais il est à l'inverse une très grande douceur dans l'hominisation de Dieu au travers de Jésus-Christ, et le croyant y trouve un profond réconfort. La bonté du Christ, sa proximité d'avec les faibles et les malades, sa compassion profonde pour le monde souffrant, sa propre mort sur la croix, sont un apport inestimable à la condition humaine.

Cela dit, le christianisme a connu de terribles déviations dogmatiques.

Les conversions autoritaires du passé ont été une maladie de jeunesse, hélas bien réelle.

De nombreux pogroms, au sens large du terme, ont eu lieu au nom du Christ, ce qui n'était pas la meilleure façon d'illustrer une religion d'amour et de paix.

La méfiance vis-à-vis de la sexualité et plus particulièrement des femmes se traduit aujourd'hui encore, par des attitudes discutables parmi lesquelles le rejet de la contraception ou du préservatif. Si l'on peut admettre le refus (catholique) de l'avortement, l'interdiction de la pilule comme celle du préservatif sont incompréhensibles et se traduisent d'ailleurs par l'évasion massive des jeunes.

Le pire a sans doute été, dans le passé, l'omnipotence d'un clergé rejetant toute tentative d'intériorisation ou de spiritualité mystique, dès que celle-ci était perçue comme menaçant la doctrine et

8. Saint Jean de la Croix, *Le Cantique spirituel*, Seuil 1995.

ses gardiens. Rappelons que saint Jean de la Croix fut incarcéré et plus récemment le père Teilhard de Chardin chassé de sa chaire.

La multiplication des dogmes autoproclamés par les conciles successifs a abouti à la création d'un fatras insupportable (immaculée conception, infaillibilité pontificale etc.).

Bref, l'Église (catholique tout au moins), a régné par la hiérarchie et le dogme. Il est juste d'observer qu'un effort important d'adaptation au monde moderne est en cours, mais quelle que soit l'admiration que l'on peut porter à l'actuel pape, le naturel revient au galop dès que l'occasion lui en est donnée. Les attitudes touchant à la sexualité en sont un exemple frappant.

Islam

Ulcéré par la soi-disant divinité de Jésus, l'islam se hâtera de proclamer que Jésus n'était qu'un prophète et réaffirmera la transcendance absolue de Dieu. Comme le dit de façon superbement poétique Ibn'Arabi :

« Personne ne le saisit, sauf Lui-même. Personne ne le connaît sauf Lui-même. Autre que Lui ne peut le saisir. Son impénétrable voile est sa propre unicité[9]. »

Pour mieux affirmer son identité et là où le christianisme valorisait la souffrance et le retrait du monde, l'islam donnera à la beauté une grande place et ne dédaignera pas l'ivresse des sens. La langue arabe se prêtant admirablement à l'hyperbole, l'islam inspirera aussi de nombreux et magnifiques poètes qui mettront leur inspiration au service de la foi.

Il faut noter enfin le caractère étonnamment moderne de l'islam dont l'observance rituelle se réduit à cinq prières quotidiennes et au pèlerinage à la Mecque pour ceux qui le peuvent, ce qui lui permet de « ratisser large » et en fait une religion qui progresse avec aisance dans le monde d'aujourd'hui. Mais que de catastrophes dans l'application à la lettre d'une doctrine née dans un univers prémoyennâgeux !

9. Ibn'Arabi, *Épître de l'Unité,* cité dans E. de Vitray, *Le Soufisme,* A. Michel 1987.

Sur le principe même d'abord, les *hadiths*, fondements du droit musulman, ne constituent qu'une compilation tardive des dires de Mahomet. Vouloir les tenir pour la source ultime de tout savoir et de toute vérité alors même qu'ils contiennent une part inévitable d'interprétation, constitue un danger évident qui ne peut conduire qu'à la décadence et à l'immobilisme.

La soumission de la loi civile à la loi religieuse (la *charia*), constitue un pas en avant effrayant sur la voie d'une unité menant tout droit à l'absolutisme.

La condition féminine, si elle apparaît en progrès par rapport à la société bédouine du temps, est scandaleusement minorée. Le sort fait aux femmes en terre d'islam est à l'évidence une des causes du retard accumulé par les pays musulmans en matière de développement. On ne cloître pas à la maison impunément la moitié de l'humanité.

L'intégrisme représente, hélas, une déviation quasi congénitale d'une religion née dans les turbulences guerrières, tendance aggravée par les frustrations du moment (cf. *supra*).

Bref, rien ne sera possible tant qu'un examen critique des sources de l'islam n'aura pas été effectué par les musulmans eux-mêmes.

Ce qui apparaît clairement en tout cas, c'est que les trois religions constituant la « triade occidentale » (judaïsme, christianisme, islam) sont allées dans le sens d'une aggravation constante de la part révélée du monde, l'islam allant jusqu'à prétendre régenter toute la vie personnelle au nom de l'exigence divine reçue *directement* par Mahomet, et donc non discutable ! La part de liberté de l'homme s'est réduite d'autant et l'on est parvenu à l'immobilisme terrifiant qui est celui des terres musulmanes, l'homme côtoyant l'interdit à chaque instant. Le musulman pratiquant est donc réduit à tricher en permanence avec la loi religieuse et il ne lui reste plus dès lors qu'à traquer sans pitié « l'infidèle » pour se faire pardonner ses manquements, cette soupape ayant été (intelligemment ?) ouverte par le Coran. Un esprit cynique pourrait faire observer que cette attitude, courante à l'échelon individuel, se transpose sans difficulté au niveau des États.

S'il existait une conclusion à tirer de cette trop brève analyse, c'est donc celle de l'inexorable dérive de toutes les religions dès lors qu'elles tombent dans l'héritage humain. Dérive par rapport à la réalité scientifique d'abord, qui rend certains mythes fondateurs définitivement désuets (la Terre centre de l'univers en est un bon exemple), dérives rituelles et dogmatiques ensuite. Nées belles et dépouillées en général, marquées par une grande proximité dans leur approche commune de l'Un, les religions ont évolué inéluctablement vers un ensemble complexifié, hiérarchisé, normé et ritualisé.

Il est intéressant d'entendre la conclusion que le grand orientaliste qu'était Alain Daniélou tire de ces constatations et qui nous renvoie à celle de Spinoza *(cf. supra)* :

« L'impertinence et l'orgueil avec lesquels les « croyants » attribuent à Dieu leurs préjugés sociaux, alimentaires, sexuels, qui d'ailleurs varient d'une région à l'autre, seraient comiques s'ils n'aboutissaient pas inévitablement à des formes de tyrannie, de caractère purement temporel. L'obligation de se conformer à des croyances et des modes d'action arbitraires est un moyen d'avilir et d'asservir la personnalité de l'individu, dont toutes les tyrannies, religieuses ou politiques, de droite ou de gauche, ne savent que trop bien se servir[10]. »

L'être humain aspirant de toutes ses forces à une unité impossible, le mieux que l'on puisse faire serait donc de lui apprendre dès l'enfance que ses croyances, qu'elles soient d'ordre religieux ou politique, sont par nature éphémères, et destinées à être détrônées un jour… L'on ne saurait dire que les sociétés prennent en général ce chemin…

---

10. Cité par Alain Daniélou, *Shiva et Dionysos*, Fayard, 1979.

La réforme des doctrines existantes est-elle une hypothèse réaliste ?

Rien n'est plus difficile que de vouloir réformer l'existant.

La présence des différents clergés d'abord est un obstacle évident. Sans vouloir aller jusqu'à dire que la fonction même du clergé est sa propre survie, il n'en est pas moins certain que, par éducation comme par habitude, la réaction naturelle des clercs est de défendre « l'orthodoxie » du dogme qui garantit leur rôle et leurs privilèges. Le corporatisme est inévitable. Qu'ils soient rabbins, évêques, imams ou lamas, on voit mal un clergé se saborder avec entrain. L'instinct de survie est valable pour les corps constitués comme pour les individus.

De plus, toute religion se définit non seulement comme un cadre rituel et de pensée, mais aussi par référence, si ce n'est par opposition, aux autres croyances. Toute tentative d'*aggiornamento* se heurte donc inévitablement aux accusations de manque de « patriotisme ». Le changement souhaitable sera considéré par beaucoup comme une atteinte aux fondements de la communauté, un affaiblissement de celle-ci par rapport aux « autres » qui n'attendent que l'occasion pour s'installer à sa place. Il n'est que de rappeler l'attitude de la Rome impériale face au christianisme naissant ou plus récemment celle de la hiérarchie orthodoxe face au christianisme occidental, qu'il soit catholique ou protestant, accusé de prosélytisme. Quant à l'islam, mieux vaut ne pas parler de son rejet immédiat et définitif de toute tentative d'intrusion « étrangère », vite transformé en persécution pure et simple, qu'il s'agisse des coptes, des bahaïs, ou des chrétiens d'Orient. Le réflexe identitaire est omniprésent.

Il est juste de remarquer que de nombreux petits groupes existent qui poursuivent chacun de leur côté des recherches spirituelles marquées par le réexamen des textes fondateurs sans exclusive. Mais le fait même de vouloir interpréter des écrits anciens dans une perspective contemporaine est difficile. De plus, certains documents comme le Coran étant considérés comme la transcription pure et simple de la parole divine, la réinterprétation se limite dans ce cas à celle des *hadiths*, ce qui limite considérablement la progression. Il faut le répéter, l'existence de textes « révélés », et donc indiscutables, pousse droit à la fossilisation. S'en extraire relève de la gageure et personne n'a trouvé jusqu'à présent la clef du problème.

Il existe, d'ailleurs, au moins un exemple de cette tentative désespérée de ramener la pratique religieuse à ses sources d'origine, c'est bien entendu celle du protestantisme. Peut-on dire que le succès a couronné les tentatives des fondateurs, que ce soit Luther ou Calvin ? La réponse doit sans doute être nuancée. Certes le protestantisme a abouti à éliminer chez ses fidèles ce qu'il y avait de scandaleux dans les excès du catholicisme « baroque » de la Renaissance, avec son trafic d'indulgence, son goût excessif du faste, son culte quasi idolâtre de Marie et la licence fréquente des clercs. Mais il a aussi constitué par ses exigences mêmes un puissant « rappel à l'ordre » de l'Église catholique qu'il avait stigmatisée. La convergence qui en est résultée a quelque peu diminué l'originalité de la Réforme, sans pour autant avoir réussi à mettre fin, du côté catholique, à certains errements. Il est clair, cependant, que le protestantisme reste marqué par l'effort vers le dépouillement et l'intériorisation qui ont caractérisé son essor, effort que l'on ne peut que saluer et qui reste un exemple dont les diverses religions seraient bien avisées de s'inspirer. La critique très ouverte du religieux et le principe du libre choix, étonnamment moderne, ouvrent d'ailleurs largement la voie à des réflexions comme celle-ci.

La tolérance constitue-t-elle une voie en soi ?

Si l'on admet qu'une « réforme » radicale est très difficile pour ne pas dire impossible, une autre question se pose. La tolérance constitue-t-elle en quelque sorte un « moindre mal » réaliste ? Dans cette hypothèse, chacun poursuit dans ses errements, mais est supposé accepter avec bienveillance ceux du voisin.

Remarquons d'abord l'absence de logique de cette démarche. Si chacun persiste dans l'observance de ses particularités religieuses, c'est bien parce qu'il est intimement persuadé d'avoir raison. C'est dès lors beaucoup demander à l'homme que d'accepter *comme une égale* la religion du voisin… Comme le relève très bien Daniel Sibony à propos de l'islam, mais la remarque est vraie pour toutes les religions, « accepter l'existence de « l'autre » sans l'opprimer, et sans que son statut d'inférieur *prouve* son infériorité, c'est accepter d'être (soi-même) imparfait, donc d'être en faute[11]. »

La vérité, ce point a déjà été évoqué, est que la tolérance n'est presque toujours que la bénignité du plus fort à l'égard du plus faible, l'os que celui-ci lui jette après avoir mangé la chair. Il est tout simplement ridicule de proposer à celui qui subit le joug de faire preuve de tolérance à l'égard des pratiques religieuses de son maître.

Or, l'on entend partout ce mot, comme s'il représentait l'ultime solution aux problèmes des conflits, tout particulièrement religieux. Il y faut un singulier aveuglement : l'islam poursuit et poursuivra le judaïsme avec une constance sans appel tant qu'il en subira, au moins pour une part, la loi en Palestine. Quant au judaïsme, il concéderait volontiers à l'islam une certaine amitié de surface, à la condition, mais elle est de taille, que lui soit garanti le statut dominant qui est aujourd'hui le sien en Israël.

Plus généralement, il est sans doute possible de dire que la tolérance n'est qu'une vertu « en creux », incapable de résoudre les frustrations de ceux qui n'ont pas la maîtrise de leur destin. C'est le cadeau que les nantis font aux pauvres, le soi-disant « don spirituel » qui dispense du don matériel et qui même, paradoxe, va jusqu'à demander une contribution à celui que l'on tolère (attitude des siècles d'or de l'islam à l'égard des *dhimis*, la transposition valant *de facto* pour l'Occident majoritairement chrétien d'aujourd'hui préle-

---

11. Daniel Sibony, *Les Trois Monothéismes,* Seuil, 1992. (C'est nous qui soulignons le mot *prouve*.)

vant sa « dîme » sans remords sur les ressources naturelles du tiers-monde). Certes, l'appel à la tolérance peut être le dernier espoir du faible, mais ce dernier sait qu'il n'a aucune illusion à se faire : c'est le fort qui dictera sa loi.

Force est d'ailleurs de constater que la tolérance a toujours été prêchée par les élites intellectuelles qui, par l'étendue de leurs connaissances, sont mieux à mêmes que la grande masse de mesurer le caractère relatif des différents dogmes, sans avoir d'ailleurs le courage d'en tirer les conséquences. Un esprit cynique pourrait y voir l'expression de la condescendance du titulaire du savoir à l'égard de celui qui n'a pas su (pas voulu ?) y accéder. La tolérance du sage qui condescend à faire partager un peu de sa modération à celui qui n'a, si l'on peut dire, que « sa foi pour vivre » est toujours suspecte. Il faut respecter la foi du pauvre. Elle n'est en définitive que l'expression simplifiée (outrée ?) de ce que les élites lui ont mis dans la tête…

Si la tolérance n'est pas la solution, il reste dès lors à explorer une voie ultime, celle de la synthèse entre les différentes doctrines.

La synthèse des vérités communes est-elle une solution ?

Il faut le dire tout net, le syncrétisme religieux, genre *new age*, souffre d'une maladie congénitale incurable. Certes, dans une belle réflexion sur les apports relatifs de l'Orient et de l'Occident, René Guénon écrivait-il :

« L'Orient peut très bien venir au secours de l'Occident, si toutefois celui-ci le veut bien, non pour lui imposer des conceptions qui lui sont étrangères, comme certains semblent le craindre, mais bien pour l'aider à retrouver sa propre tradition dont il a perdu le sens[12]. »

Mais la tentative qui consiste à tenter de rapprocher les points de vue, à prendre le meilleur là où il existe, pour estimable qu'elle

12. René Guénon, *Orient et Occident*, éd. Tredaniel 1987.

soit, ne saurait être couronnée de succès ni répondre aux besoins de l'humanité d'aujourd'hui et *a fortiori* de demain.

D'abord, parce qu'elle risque d'aboutir à une manière de fourre-tout, sans véritable support doctrinal. La démarche qui consiste, en quelque sorte, à faire son marché pour choisir les meilleurs produits, peut faire une bonne soupe, mais pas une doctrine cohérente.

Ensuite parce que, à vouloir concilier les inconciliables, on tend forcément vers un plus petit commun dénominateur sans substance et sans odeur. Unicité et transcendance de Dieu par-ci, réincarnation par-là, recherche de la « révélation personnelle », le résultat de ce pot-pourri ne saurait convaincre les âmes exigeantes, soucieuses d'autre chose que d'un inventaire à la Prévert. Les conclusions du *new age* ressemblent plus à un catalogue post-soixante-huitard qu'à une pensée fermement construite.

Pour être plus clair, la recherche du « sens » qui est le fondement même des diverses religions ne saurait se contenter de l'adaptation à notre époque de morceaux choisis. On retrouve là, à la limite, une manière d'escroquerie intellectuelle qui ne saurait tromper le plus grand nombre. Car une reconstruction purement rationnelle, même si elle s'appuie sur les sages et les prophètes du passé, revient en quelque sorte à réinventer une révélation « *in absentia* »… Mieux vaudrait, à tout prendre, emprunter la voie d'une réforme radicale en dépoussiérant les différents dogmes de l'ensemble des scories déposées par les âges, de façon à ramener chacun à l'humilité. Mais l'examen qui précède semble indiquer que la démarche n'a pratiquement aucune chance de succès. De plus, et même dans ce cas fort improbable, il ne serait pas possible de rompre avec l'enracinement des différentes doctrines dans le terreau historique et humain de leur temps. Or le problème est bien là : le monde a tellement changé qu'il est nécessaire d'envisager l'avenir avec des yeux neufs.

Conclusion de la deuxième partie

Après l'examen qui précède, l'inquiétude l'emporte. D'immenses changements ont commencé qui entraînent, chaque jour davantage, une non moins immense modification de notre environnement matériel et culturel. Ces changements vont se poursuivre, voire s'accentuer et il ne fait aucun doute que les doctrines héritées du passé, encombrées par des siècles d'exégèse et d'habitudes, ne répondent plus aux besoins d'aujourd'hui et *a fortiori* de demain, tout en étant atteintes d'une incapacité structurelle à se réformer. Or, sans « refondation » spirituelle, l'humanité risque de tomber dans des oppositions meurtrières ou dans un nihilisme destructeur. La situation apparaît largement bloquée.

Dans ces conditions, les tensions ne peuvent que s'exacerber. Face à un besoin qui ne rencontre pas de solutions, l'expérience apprend que la sortie de crise la plus courante est l'explosion. La révolte de Spartacus, la Révolution française, la table rase bolchevique, pour ne prendre que quelques exemples, ont toutes tenté avec des succès inégaux et après une phase de latence plus ou moins longue, de faire sauter le bouchon de situations politiquement ou culturellement sans issue. Or, la conjoncture actuelle est pire, et les possibilités d'évolution étroites. L'humanité, ou plutôt les diverses humanités entre lesquelles les divergences s'accroissent de jour en jour, risque donc de faire face à des confrontations très violentes. Ces confrontations seront-elles capables de dénouer, au moins provisoirement, les tensions ? On peut en douter. Sans exutoire commun, sans perspective acceptée plus ou moins par tous, le prix à payer risque d'être de plus en plus lourd pour des répits de plus en plus brefs…

Le plus effrayant est sans doute l'absence de prise de conscience du caractère inéluctable des conflits à venir si aucune solution n'est trouvée. Chacun va son train, convaincu de son bon droit, et les certitudes opposées s'affrontent sans la moindre nuance. Quant aux groupes de réflexion œcuméniques, ils ont du mal à toucher le grand public, ne serait-ce qu'en raison de la réticence des diverses hiérarchies religieuses. Bref, entre la dictature du marché, dépourvue de toute référence spirituelle, et donc incapable d'entraîner l'adhésion des peuples (à défaut peut-être de celle des économistes d'obédience américaine…) ou la révolution islamique que proposent les talibans de tous bords, il n'existe évidemment rien de commun, et l'on voit mal les points de vue se rapprocher. Quant à l'Europe, si influente autrefois sur le plan des idées, elle se tait.

L'humanité aborde l'avenir bien mal préparée…

TROISIÈME PARTIE

Jalons pour une spiritualité nouvelle

Remarque préliminaire

Nous abordons maintenant la partie la plus ambitieuse, la moins analytique et la plus personnelle de cet ouvrage. Que la situation actuelle soit lourde de dangers, nous l'avons illustré dans la première partie, qu'il soit très difficile de lui porter remède à partir des doctrines existantes, inadaptées au temps présent, a été l'objet de la seconde, il reste donc à définir une voie porteuse d'espérance pour l'avenir. Redoutable gageure à la solution de laquelle il n'est possible de s'atteler qu'avec prudence, à la lumière non seulement de la logique, mais aussi de l'intuition.

Pour aboutir à ce résultat, nous n'hésiterons pas à bousculer quelque peu les règles du genre en mélangeant analyse logique et inspiration poétique. Mais il doit en être ainsi : en matière d'éternité, l'on ne saurait s'arrêter aux normes…

L'approche sera donc divisée en quatre parties :

Dans la première, nous nous interrogerons sur ce que nous conseille la raison. Quels sont les enseignements de l'analyse à laquelle nous avons procédé, quelles voies de réflexion ouvre-t-elle, à quelles propositions peut-elle conduire ?

Dans la seconde, nous nous permettrons de faire appel à une expérience personnelle, non par présomption, mais parce que rien ne peut remplacer à ce niveau le sentiment que chacun développe dans le secret de son cœur et qui apporte à son point de vue la saveur de l'authenticité.

Dans la troisième, nous tenterons de faire la synthèse des réflexions précédentes et de définir quelques pistes pouvant mener à une spiritualité adaptée à notre temps.

Dans la quatrième enfin, nous examinerons le devoir qui devrait être celui des élites intellectuelles, devoir bien mal rempli par la plupart ;

Nous sommes bien conscient des sarcasmes que peut entraîner une approche aussi démesurée. Mais que vaudrait une démarche qui ne viserait qu'à la recherche d'un consensus mou ? À certains moments de la vie, il faut savoir se jeter à l'eau !

I
Analyse logique

Épouvante et contradictions

Avant toute démarche de reconstruction, il faut maintenant revenir sur le problème des contradictions inhérentes à notre condition, contradictions dont les religions révélées ont toujours cherché à s'affranchir par la recherche d'une unité impossible et mortifère. Rien ne sera possible tant que ces contradictions n'auront pas été pleinement réintégrées dans l'univers humain, rien ne sera envisageable tant que nous ne serons pas capables de regarder en face les horreurs nées du double visage de notre être et d'assumer l'épouvante qui nous saisit à cette vue.

La contradiction dans ces aspects fondateurs

Il est vain de vouloir rechercher sur cette terre une unité, une harmonie (au sens où nous l'entendons tout au moins) qui n'existent pas. Le mal est une partie intégrante de l'homme. Comme le dit très bien Luc Ferry :

« D'un comportement marqué par la méchanceté, on dit, sans même s'en rendre compte, qu'il est « inhumain ». On pousse même le ridicule jusqu'à le déclarer « bestial ». La bévue est colossale : non seulement le mal est humain, mais il est même un des propres de l'homme, l'une de ses différences les plus spécifiques d'avec les autres êtres. On ne rencontre point d'assassins chez les bêtes[1]… »

---

1. Luc Ferry, *L'Homme Dieu ou le Sens de la vie,* Grasset 1996.

Et pourtant, alors même qu'il tolère les plus cruels agissements, les plus scandaleuses injustices, alors qu'il a sécrété les chambres à gaz et le goulag, ce même monde est d'une prodigieuse beauté. Qui n'a pas été saisi un jour par le sentiment de l'ineffable devant un matin enneigé ou un sourire d'enfant? Qui n'a ressenti en eux l'appel de l'éternité?

On peut ajouter que le même désordre, la même cruauté apparente existent dans les cieux : les astéroïdes bombardent les paisibles (?) planètes où s'ébattent les dinosaures, les trous noirs dévorent les galaxies, de gigantesques collisions d'étoiles entretiennent le chaos. Les lois de la physique s'accommodent de drames célestes quotidiens, de la même façon qu'ici-bas, la férocité voisine avec la tendresse, la vie avec la mort. Comme le disait déjà Héraclite, le divin, s'il existe, est « l'union des contraires[2] ». Et comme le rappellent les Upanisads :

« Le principe du monde est indéfinissable, mais toute existence implique la multiplicité. Le principe est au-delà de la manifestation, au-delà du nombre, au-delà de l'unité, au-delà du créé[3]... »

La première chose à faire est donc d'admettre qu'aucune doctrine ne saurait prétendre mettre de l'ordre là où celui-ci n'existe pas. Nous participons de ce désordre et nous l'entretenons à notre manière. Les contradictions gouvernent l'apparence. Il est vain de conserver l'illusion d'un monde où elles auraient disparu...

Quant à la perception même du bien, serait-elle concevable sans l'existence de ce contrepoint nécessaire qu'est le mal? À l'évidence non! L'existence du mal est la condition même de notre aspiration au bien. Les deux faces opposées du monde s'obligent l'une l'autre à exister. Sans la conscience de l'une, l'autre serait hors d'atteinte. L'horreur qui nous saisit devant la cruauté est une des sources de notre aspiration à la générosité.

L'acceptation de la *contradiction* doit donc jouer un rôle fonda-

---

2. Cité par Alain Daniélou, *op. cit.*
3. Shri Aurobindo, *Mundaka Upanisad*, coll. Spiritualités vivantes, Albin Michel 1972.

teur dans la démarche spirituelle de l'humanité, tout comme elle enrichit l'esprit d'initiative et la créativité (cf. *supra*). Tout se passe comme si nous devions être en permanence *en déséquilibre* pour avancer, ce que confirme l'examen de la nature même de la marche qui n'est, comme chacun sait, qu'un déséquilibre ingénieusement contrôlé…

Mais peut-être notre perception du monde est-elle imparfaite ? Peut-être existe-t-il un ordre supérieur là où nous croyons discerner le chaos ?

À ce niveau d'interrogation, il faut relire le beau texte que Nietzsche consacre à ce qu'il appelle « le bonheur d'Homère » :

« Jouir d'une âme forte, audacieuse, intrépide ; traverser la vie d'un œil tranquille et d'un pas ferme, être toujours prêt à l'extrême comme à une fête, toujours plein du désir des mers, des mondes inexplorés, des hommes et des dieux inconnus ; dresser l'oreille à toute musique joyeuse comme à l'écho du court plaisir, du bref repos que des braves, des soldats et des navigateurs s'accordent en ces lieux lointains, soudain terrassés par les larmes dans la volupté du moment. […] Qui ne voudrait que tout ceci fût son partage, qui ne voudrait que tout ceci fût son état ! C'était cela, le bonheur d'Homère[4]. »

Voilà un magnifique programme ! Mais le bonheur de la découverte peut-il suffire à satisfaire notre besoin de dépassement et de paix intérieure ? Il est permis d'en douter… Car l'expérience prouve que l'homme a besoin de se rattacher *personnellement* à plus grand que lui. À défaut, le doute, la folie même, risquent de le terrasser. La démence de Friedrich Nietzsche n'est peut-être pas sans rapport avec cette constatation…

La contradiction dépassée

Il est temps de replacer le problème dans sa véritable perspective : l'homme a besoin de croire, il est faible et crédule face aux

4. Nietzsche, *ibid.*

charlatans de tous bords, il est comme le monde qui l'entoure, pétri de contradictions, mais il souffre de l'admettre, et il aspire à une unité impossible. Rien de ceci n'est neuf et chaque religion s'est efforcée de répondre à ce manque originel en empruntant le plus souvent la voie dangereuse de la globalité. N'existe-t-il donc aucun espoir de résoudre le dilemme ?

Un contexte nouveau

Il faut rappeler qu'un environnement entièrement inédit est sur le point d'apparaître : l'humanité se prépare à quitter le (relatif) confort intellectuel de sa planète d'origine pour se lancer dans une aventure inouïe, celle qui va la porter à la rencontre de l'univers.

Nous n'avons pas encore pris la mesure de cette aventure. De la même façon, mais à une tout autre échelle, que la découverte de l'Amérique avait marqué la fin du Moyen Âge, le débarquement de l'homme sur la Lune et la sarabande actuelle des engins spatiaux, ont ouvert une ère qui n'en est encore qu'à ses balbutiements. La conquête de l'Univers s'ouvre, et elle va entraîner de fantastiques changements.

Devant pareil défi, les repères s'effacent. On voit mal nos descendants, en route vers une planète lointaine, invoquer Jésus-Christ, Mahomet ou Bouddha, sinon au plan de leur fulgurance individuelle. La conscience de leur appartenance commune au genre humain face à l'immensité du cosmos ne peut que l'emporter sur leurs ascendances religieuses. On les voit plus mal encore, lorsque la Terre ne sera plus qu'un point dans le vide sidéral, se tourner vers La Mecque, ou exiger du pain azyme. Et même si cette éventualité est encore lointaine, elle est utile pour mettre en lumière la situation d'aujourd'hui.

Il ne s'agit pas pour autant de négliger le passé dont nous sommes issus. La beauté du message laissé par les mystiques de toutes filiations, le sacrifice de tant d'entre eux ne sauraient être traités à la légère. Pourtant, il convient d'en examiner le legs sans orgueil ni faiblesse. L'humanité dans son enfance a éprouvé le besoin de s'appuyer sur des convictions chargées de symboles et l'anthropocentrisme a marqué nombre de représentations de Dieu ; il lui appartient maintenant d'entrer dans l'âge adulte en définissant un socle de croyances nouvelles, simplifié dans sa doctrine et épuré dans ses exigences.

Si nous admettons que toutes les religions sont également belles dans leurs origines poétiques et mystiques mais qu'elles ont été le plus souvent dévoyées, si nous croyons qu'elles ont, à l'instant de leur création, répondu à un besoin, celui de leur époque, mais qu'elles ont ensuite trébuché sur un *aggiornamento* impossible, il importe donc maintenant de se demander, en quoi la modification du contexte peut favoriser une *démarche* nouvelle.

Une démarche nouvelle

Face au cosmos, l'anthropomorphisme n'est plus de mise. Plus généralement, le développement de la science qui ne résout un mystère que pour en ouvrir un autre oblige à écarter tout simplisme réducteur. Ainsi avons-nous souligné que la contradiction devait être acceptée comme inévitable et créatrice, la plus grande méfiance étant nécessaire dans notre aspiration à l'unité. Pourtant, l'idée même de création n'est-elle pas synonyme de globalité ? Si nous en excluons le principe, que nous reste-t-il pour rechercher *hic et nunc* le souffle spirituel qui traverse peut-être le monde ?

Il faut noter que cette difficulté est beaucoup moins prégnante pour les spiritualités orientales que pour les religions du Livre. Ce n'est pas un hasard si la souplesse de ces spiritualités polymorphes attire à elles beaucoup de nos contemporains en mal d'acceptation du monde tel qu'il est. Mais nous avons vu aussi que les corpus spirituels de l'Orient n'ont pas échappé aux dérives propres à toute création humaine. Le problème demeure : comment assumer la contradiction qui baigne notre univers avec toutes ses horreurs, sans sombrer dans le nihilisme ? La compassion peut-elle constituer une réponse suffisante à l'angoisse existentielle qui nous saisit devant la souffrance et la mort ?

Il s'agit là, à l'évidence, d'une immense question, une de celles qui comporte plus d'incertitude qu'aucune autre. Une solution satisfaisante au mystère que recèle *la* contradiction risque d'emprunter immédiatement les voies de la transcendance. Or, c'est justement la voie que nous avons choisi d'écarter à ce niveau de la réflexion. Sans doute peut-on observer que c'est une démarche rationnelle qui semble avoir inspiré Bouddha dans son analyse de la condition humaine, mais ne s'est-il pas, de ce fait, placé au niveau de la philosophie et non du religieux (observation communément entendue lorsque l'on parle du bouddhisme), dès lors qu'il a omis de se rattacher à une révélation?

Acceptons cette limitation et restons pour le moment du côté des sceptiques, de ceux qui revendiquent le monde tel qu'il est, mais qui s'efforcent pourtant, dans leur rejet de tout Créateur, de tendre vers une certaine forme d'exigence spirituelle. Il est clair que la réflexion correspondante ne peut dès lors déboucher que sur une morale, au sens philosophique du terme. C'est la conséquence logique de notre parti pris. Et pour en rester à ce niveau qui est en quelque sorte celui de la « raison insatisfaite », il convient maintenant de faire l'inventaire des moyens éthiques compatibles avec une approche séculière.

Des moyens à mettre en œuvre

Il ne paraît pas absurde de dire que la démarche rationnelle la moins contestable consiste à rechercher dans nos actes ce qui élève, par opposition à ce qui abaisse, ce qui affranchit plutôt que ce qui opprime, ce qui valorise plutôt que ce qui dégrade.

Quelles peuvent être, dès lors, les conclusions de la démarche ci-dessus? Par quels moyens pouvons-nous la mettre en œuvre? Nous en retiendrons quatre :

Splendeur de la connaissance

Le propre de l'espèce humaine, ce qui la distingue de l'animal, tout autant que la conscience du mal, est son acharnement à ne pas laisser les choses en l'état où elle les trouve, sa constance dans la volonté d'accroître son capital de compréhension du monde. Peut-être est-ce là le résultat d'un dessein qui nous dépasse ? Si le Créateur existe, au sens tout au moins où nous sommes capables de le concevoir, l'effort de l'homme lancé à la conquête de l'Univers, son acharnement à progresser dans les voies de la connaissance ne peuvent que lui agréer, car, en tentant de comprendre les mystères de la création, nous nous rapprochons de Lui. Beaucoup de chercheurs laïques, en repoussant toujours plus loin les limites de la science ont d'ailleurs conscience de se hausser et, à leur suite tous les hommes, vers son principe spirituel...

Poursuite de la beauté

Même si la notion de beauté revêt par nature un caractère contingent, sa recherche consciente répond bien aux caractéristiques évoquées : élever celui qui s'y adonne sans nuire à ceux qui l'entourent. Le patient labeur de l'artisan attaché au bel ouvrage, le travail du peintre amoureux de sa palette, le soin de l'esthète choisissant avec respect ses mots pour composer une belle phrase, l'intuition du poète qui devine l'harmonie au milieu du désordre, l'effort des parents s'attachant à ouvrir l'esprit de leurs enfants, ne peuvent que nous unir à un éventuel Créateur, car en contribuant par notre travail à la magnificence de son œuvre, nous nous élevons vers Lui. Certes, notre intelligence ne sera jamais capable de saisir qu'une petite partie de la beauté qui nous entoure, celle que nos cinq sens nous permettent d'appréhender, mais chaque pierre que nous apportons à la majesté de l'édifice ne peut être que bénéfique à sa cohésion. Cette démarche de louange est d'ailleurs proche de celle des communautés spirituelles de tous les temps et de tous les cultes, puisque leur prière a toujours été une offrande, censée agir par des voies mystérieuses sur l'édifice même de la création.

Lutte contre la souffrance

Reste le mystérieux problème de la souffrance qui attente à l'harmonie du monde, et pire encore de la souffrance inutile, celle de la victime innocente constituant ce « scandale » qu'ont dénoncé beaucoup de littérateurs et qui a abouti au rejet de Dieu par tant d'hommes de bonne volonté. La contradiction atteint là des sommets insoutenables. Comment admettre les guerres de Religion, la Shoah, comment ne pas ressentir avec horreur l'existence de l'enfant torturé par son bourreau?

Il faut d'abord remarquer qu'à l'instar du bien et du mal qui ne sauraient exister l'un sans l'autre, l'existence de la souffrance fonde par antithèse l'idée même du bonheur. C'est la tension qui naît de la souffrance morale qui provoque chez l'homme l'aspiration à la paix intérieure et à la contemplation. Ce sont les insondables souffrances physiques entraînées par la guerre qui nourrissent le regret lancinant de la paix civile. C'est la mort de nos proches qui alimente le bonheur fragile d'exister.

Tout faire pour diminuer la somme de souffrances qui enlaidit le monde et le rapproche du chaos, constitue donc certainement un moyen d'avancer vers le Créateur. Car si nous sommes ses enfants, en nous acharnant les uns contre les autres, c'est sur Lui que nous nous acharnons et en aidant nos frères à retrouver leur intégrité, c'est à Lui que nous rendons hommage.

Acceptation de l'échec

Mais comme nous sommes voués à échouer éternellement dans cette tentative, comme la mort, la cruauté et l'injustice, seront pour toujours et quels que soient nos efforts, au bout du chemin, l'acceptation de la souffrance ne doit pas être un abaissement, mais une immolation consciente. Il nous faut bien accepter l'existence des maux parfois terrifiants qui tissent la toile bigarrée du monde. Et si la lutte contre la souffrance et la mort est un devoir, l'échec n'est pas un naufrage. « Que ta volonté soit faite » est la plus terrible exigence de toutes les disciplines spirituelles. Mais c'est aussi la plus belle, celle par laquelle l'homme qui s'abandonne, triomphe de la mort en se fondant dans le mystérieux projet de l'Univers.

Est-elle pour autant réservée aux croyants? Il ne semble pas. Car l'échec assumé représente en dernier ressort l'acceptation de notre condition, avec sa grandeur et ses misères.

Telles pourraient être quelques voies d'approche qui, pour ne devoir qu'à la raison, n'en sont pas moins en accord avec les exigences de la plupart des religions.

Morale et transcendance

Ce qui paraît en tout cas à éviter, c'est de mélanger transcendance et règles morales telles que nous venons d'en suggérer quelques-unes. La morale est par nature à l'échelle humaine, elle est le reflet de ce qui est nécessaire à une société pour vivre et s'accommoder de ses différences. Personne, dans aucun état de droit, ne devrait faire souffrir l'autre sans raison, admettre que le fort écrase le faible, voir le puissant abuser de sa richesse au détriment de son voisin. Des garde-fous sont nécessaires pour réduire les tensions internes à une société et toutes les civilisations y ont pourvu avec plus ou moins de succès. Il en sera nécessairement de même à bord des vaisseaux stellaires ou des planètes lointaines. Mais rendons à César ce qui est à César et ne mélangeons pas Dieu à nos affaires La cohérence d'une société humaine est d'ordre rationnel et juridique, elle n'a que faire du dessein divin qu'elle ne saurait connaître. La justice s'exerce « au nom du peuple français » et pas, fort heureusement, au nom de Dieu. Telle est bien l'erreur de la plupart des pays musulmans. Nombre de mystiques ont d'ailleurs mené dans leur jeunesse des vies que la morale ordinaire réprouve. Qu'il s'agisse de droits et devoirs de la personne ou « d'ingérence humanitaire », la morale ne doit pas rechercher sa source dans la religion, elle ne doit pas « remonter » vers elle. Lui donner une sanction divine est le plus sûr moyen d'aboutir aux pires excès; le passé l'a amplement prouvé.

Il faut affirmer clairement l'inverse : les Églises devraient absolument éviter l'écueil qui consiste à « descendre » vers la morale, à préciser droits et devoirs, à définir une doctrine de l'humanitaire. Ce travers est aujourd'hui commun à nombre de religions qui ambitionnent de gérer les consciences dans le domaine temporel et semblent, à la limite, avoir perdu toute autre ambition. Or, altruisme intelligent et générosité du cœur ne doivent pas être confondus. Comme il est apparu dans le courant de cette étude, en matière d'assistance humanitaire, c'est l'intérêt bien compris des pays riches de venir au secours des pays pauvres ou des victimes de catastrophes. La solidarité à l'échelon national ou international est une obligation nécessaire à la cohésion du monde, il est indispensable que soient créés les fonds structurels adéquats. Mais voir une doctrine religieuse préciser le pourquoi et le comment de cette nécessité ne peut que profondément troubler celui qui s'engage dans une recherche spirituelle. Elle fait écran à sa recherche, elle lui fait, si j'ose dire, « perdre du temps » dans cette quête, en mélangeant les genres, comme la nécessité de survivre au jour le jour fait perdre aux plus pauvres le temps nécessaire à leur éducation, pourtant si nécessaire. Bref, s'il est indispensable que la société remplisse ses devoirs envers les plus démunis, s'il est humainement souhaitable que chacun prenne sa part de cette obligation, il n'est pas bon que la pensée proprement religieuse intervienne dans ce décompte. On ne dira jamais assez que *le but des religions quelles qu'elles soient est d'élever l'homme vers la transcendance, et non l'inverse.*

S'il est difficile, pour résumer, d'en finir avec l'épouvante qui naît de la contemplation du monde, au moins pouvons-nous tenter de réduire l'étendue des contradictions qui le traverse. Mais cette démarche rationnelle peut-elle suffire à nous rassurer ?

II
Une expérience personnelle

Grâces

Louange à toi, Créateur des mondes
Aujourd'hui je suis allé à ta rencontre
Je ressentais la nostalgie de Toi
La grande ville avait usé mes forces
Satisfactions fugaces, désirs inassouvis
J'étais devenu une bête sans repères
Qui tournait affolée dans sa cage
La guerre menaçait, on tuait des enfants
Le monde résonnait de mille catastrophes
Je doutais de Toi comme de moi-même
Désespérant de tout, accablé d'impuissance
Devant ce déferlement de folie et de haine
Dont j'étais sans l'avouer, le fidèle reflet
Acteur parfois, complice le plus souvent
Du mouvement factice d'un monde affolé…
Alors j'ai quitté les hommes, mes frères en agitation
J'ai largué les amarres de l'apparence
Mon regard s'est tourné vers l'invisible
Vers les solitudes, je me suis mis en route…

*

Le jour se levait sur la vallée perdue
Le froid était glacial, le silence oppressant
L'ombre des monts pesait sur mon âme inquiète
En cet instant, le désespoir m'a saisi
Je me suis vu coupable de mille vilenies
Cloué au sol par mes insuffisances
Incompris pour ce que j'avais de mieux
Condamné au nom du plus mauvais
Portant autour de moi un regard angoissé
Abandonné de tous et d'abord de moi-même
Accablé, j'ai crié vers Toi
Je t'ai supplié de me venir en aide
Toi éternellement caché à mes regards
Et dont le reflet pourtant m'illumine
Toi qui m'as fait selon Ta volonté
Insignifiant, et pourtant fièrement debout
Maître, parle-moi, Maître étend ton bras
Non pas pour me combler de bienfaits
Mais pour alléger ma solitude…

Humblement, j'ai regardé autour de moi
Lorsque soudain éblouis, mes yeux se sont ouverts
Le soleil paraissait dans l'azur immobile
La neige étincelait sur les sapins radieux
La rivière coulait dans un murmure
Une perdrix très haut chantait Ta gloire
Comment avais-je pu me croire seul?
Tout me parlait de Toi,
Tout louait dans les cieux
La magnificence de Ton œuvre
Mon âme s'est gonflée de joie
Des larmes ont coulé sur mon visage
Je me suis arrêté sur le chemin
Ta voix me parvenait sans un bruit

Oui, je L'entendais dans le silence
Qui me disait qu'il était vain de vouloir comprendre
Ce qui ne requérait aucune explication
Et me demandait d'admirer en paix
Ce qui dépassait de beaucoup ma raison
Pour admettre sans crainte le sort…

Alors je repartis, l'allégresse au cœur
Mes doutes s'étaient effacés
J'allais dans la grâce du matin
Auréolé de ta présence invisible
Remis à Toi corps et âme
Dans mon innocence d'autrefois
Confiant dans Ton dessein mystérieux
Même s'il est parfois effrayant
Fais de moi ce que tu voudras,
Donne-moi bonheur ou malheur
Je chanterai Ta gloire aujourd'hui et demain
Mais accorde-moi de ne pas T'oublier
Dans la joie ou les tourments
Parle-moi dans le silence de la nuit
Émerveille-moi dans la splendeur du jour
Que jamais ne me quitte Ton nom
Que ta présence m'accompagne
Car je suis une de tes créatures
Et je ne suis rien sans Toi.

On l'aura compris à la lecture de ce texte composé voici nombre d'années, nous avons maintenant quitté le terrain de la raison pour celui de l'intuition, délaissé la succession des arguments pour la liberté de l'émotion.

Qui suis-je donc pour livrer en pâture des sentiments qui ne peuvent intéresser que mes proches ? Quelle est la part d'universel qui gît dans ces instants où chacun se retrouve face aux problèmes essentiels de notre condition? Il me faut revenir un instant (et je m'en excuse) sur ce qu'a été mon expérience personnelle.

Trajectoire

Ma vie durant, j'ai recherché, comme chacun, à concilier les inconciliables, à placer sous le signe de l'unité une existence irrémédiablement partagée entre la recherche d'une certaine spiritualité et le vertige de l'action. Après la conclusion de telle ou telle aventure professionnelle ou humaine, je suis parti de très nombreuses fois sur les grands chemins de ce monde à la recherche de l'illumination qui donnerait un sens à ce désordre. Passant du Taurus tcherkesse aux caravanes de l'Himalaya, des déserts africains aux solitudes du Grand Nord, je suis allé, besace sur le dos et espoir au cœur, vers cette fusion avec l'univers à laquelle j'aspirais de tout mon cœur.

Ô fourrures des yaks emmêlées par le vent des plateaux tibétains, ouragans patagons et vous, solitudes du Yukon ou de Laponie, vous m'avez parlé un langage qui n'est pas celui des hommes, mais qui m'a touché beaucoup plus profondément que n'aurait pu le faire la plus brillante rhétorique. Car votre message ne devait rien à l'argumentation et tout à l'intuition. Dans plusieurs écrits, je me suis d'ailleurs efforcé de mettre en lumière la part d'incommunicable dans la vie de chacun, de souligner à quel point elle était essentielle alors même qu'elle n'occupait pas le devant de la scène. Il en fut de même pour moi : les moments privilégiés que j'ai traversés ont enrichi toute mon existence, alors même qu'il n'en fut jamais question.

Au fur et à mesure que je progressais en âge, je découvrais mon appartenance au monde invisible et ma capacité à dialoguer avec lui, je mesurais sa majesté, j'apprenais à sourire dans la nuit en entendant tomber les flocons de neige sur la tente qui m'abritait, à ouvrir mon cœur à la création qui m'entourait, et de cet échange mystérieux, je ressortais affermi et heureux.

Il me semble que les composantes de ce chemin de découverte

ont été le silence, la solitude et l'écoute. Les grands espaces m'ont toujours paru plus riches d'expression que l'agitation des grandes villes : la présence du spirituel n'y est pas occultée par la fièvre du quotidien. Je me souviens de la joie ressentie au fond d'un petit cratère islandais, avec à mes pieds un petit lac d'un merveilleux bleu turquoise et sur ma tête un ciel changeant. J'étais rentré en moi-même, essayant de faire le vide dans ma pensée, de ne faire qu'un avec la nature qui m'entourait sous sa forme originelle, lorsque je ressentis l'espace d'un instant la grandeur, le mystère, en même temps que l'incroyable beauté, de la création. Oui, ce jour-là, mon âme s'est élevée vers le Créateur et l'a contemplé, caché derrière le rideau transparent de son œuvre.

Mais en revenant à la réalité quotidienne, je savais pourtant qu'il fallait me défier de mon imagination : aimer la poésie ne veut pas dire en être dupe. Je sais bien que l'« éveil » est une notion chère aux sagesses de l'Orient, mais j'appartiens à l'Occident par toutes les parcelles de mon être et je donne à l'esprit critique la part qui lui revient.

C'est à partir de ces instants de plénitude ressentie que j'ai commencé à écrire, comme si ma vie passée n'avait eu d'autres buts que de m'amener à un témoignage de plus en plus explicite de la beauté ainsi entrevue. Mais ce sont aussi ces expériences qui m'ont amené à la constatation de l'impasse déjà largement commentée. Certes l'être humain aspire de toutes ses forces à l'unité comme j'ai pu le constater partout où m'ont mené mes pas, mais plus la doctrine proposée répondra à ce besoin, et plus elle risque d'être exclusive et mortifère.

Voilà bien ce que nous constatons tous les jours. Prime est donnée aux convictions les plus affirmées et les plus intransigeantes. L'islam est l'archétype de la réponse qui ne laisse aucune place au doute. Il s'agit donc à la fois de la religion qui progresse le plus vite et de la doctrine la plus meurtrière.

La raison est impuissante face à l'illumination, voilà ce que m'ont appris les steppes du grand Nord ou les caravanes de l'Himalaya. Et l'illumination est à la fois la plus merveilleuse des joies et la plus dangereuse des illusions. *La religion de demain doit faire place à l'intuition, mais elle doit rester une question éternellement ouverte*. Il n'est pas de place pour les certitudes dans le bagage spirituel de nos descendants.

Épreuves

Puis est venue une autre étape, tout aussi importante que la recherche évoquée ci-dessus. Elle s'est produite lors d'un long séjour hospitalier auquel j'ai été amené à la suite d'un accident chirurgical.

Imaginons l'hôpital Saint-Louis, si chargé d'histoire, avec sa magnifique cour Louis XIII et un service où les meilleurs spécialistes tentent de réparer les erreurs d'un chirurgien malchanceux. Imaginons aussi, ce n'est pas difficile, une chambre où repose un patient, encombré de tuyaux de toutes sortes Dans le silence de la nuit, il attend, solitaire, que se terminent quelques semaines de séjour forcé. Tout autour, l'hôpital poursuit sa vie propre, avec sa cargaison d'espoirs et de souffrances… Comme elles sont lourdes, ces souffrances et combien sont misérables ceux dont les récriminations ont depuis longtemps lassé la bienveillance des infirmières… !

Un soir, au milieu de ce désordre, surgit sans s'annoncer, une vision éblouissante. Elle est si belle, cette vision, qu'elle ne saurait être expliquée. La mettre en forme reste en revanche une possibilité…

Certains diront qu'il ne s'agit que des élucubrations d'un cerveau fatigué par les brumes de l'anesthésie et il est sage de se soumettre à leurs critiques. Mais l'inspiration de ce jour-là est-elle pour autant ridicule ou méprisable ? Chacun en jugera à sa façon.

Voici donc ce message :

Entends, homme, ce que J'ai à te dire
Suspends le bourdonnement de ton activité,
Arrête-toi sur le chemin.
Le moment approche de prendre ton vol,

De quitter ta tanière, de regarder au-delà de ta maison.
Parmi les étoiles, au milieu des astres embrasés est ton destin.
Il est temps de t'interroger sur toi-même,
Temps de rêver, temps de prier
Avant que s'ébranle la caravane.
Écoute

La création est une œuvre bien au-delà de ta pensée
Tu ne fais qu'entrevoir sa grandeur à l'échelle de ta compréhension,
Il est dans l'Univers des intelligences très supérieures à la tienne,
La conception même que tu as de Moi ne peut être qu'à ta mesure
Et cette mesure est chétive, parmi tant d'autres plus imposantes
Le raisonnement dont tu es si fier
N'est qu'une ride à la surface du créé.
Accepte ces limitations avant de franchir le premier pas sur la route,
Et maintenant prête l'oreille.

Je suis au-delà de la perception de toutes les créatures
Car je suis le Créateur et l'Univers créé,
Je suis le Tout et le Rien,
Le temps et la matière
La lumière et la nuit
Le bien et le mal
Je suis l'espoir et le désespoir
Je suis mon propre dessein qui t'est pour toujours étranger
Tout cela Je le suis et davantage encore.

Tu Me demandes ce qu'est ta place dans cette immensité,
Tu veux savoir pourquoi tu es là et Je vais te le dire
L'intelligence permet à la création de se contempler, même s'il n'en
[est nul besoin
Ton entendement permet de donner un nom à tout ce qui bouge
À l'oiseau de voler, au fauve de dévorer, à la fleur de sourire
Tes questions sont les poutres qui ordonnent Ma demeure

Tes yeux, les fenêtres, ton bonheur, le toit, tes doutes, la cheminée
Par où s'échappent tes suppliques qui rendent les mondes inquiets
Et cette inquiétude monte vers Moi qui suis ici et ailleurs
Absorbé dans Mes œuvres qui t'englobent, toi et le reste…
Tu veux savoir pourquoi le Mal existe, pourquoi la souffrance ?
J'ai créé le Mal pour que tu comprennes ce qu'est le Bien,
J'ai créé la Souffrance pour que tu prennes la mesure de la Joie,
Si tu n'avais pas ce savoir, tu serais comme l'animal
Qui vit et agit sans savoir ce qu'il fait,
Ta vocation est de choisir ta voie, de choisir en conscience,
Puisque Je t'ai donné cette faculté redoutable…
Mais, en t'élevant à ce degré de connaissance,
Je n'ai fait qu'entrouvrir pour toi l'ordre du monde,
Car la création est une œuvre qui se pense sans cesse intensément,
À tout moment elle s'interroge sinon elle serait achevée
Et que serait cet achèvement sinon la négation de Moi-même
Qui suis le commencement et la fin de toutes choses ?
Dans cette gestation perpétuelle dont tu fais partie
Il t'appartient de donner un sens à la matière
Tu Me dis : à quoi bon le Bien, et d'abord, existe-t-il ?
Le Bien est ce qui concourt à la beauté des mondes
Son éclat t'éblouit, mais ne t'aveugle pas
Sa présence soutient l'édifice qui converge vers Moi
Crains de détruire la Maison que je t'ai confiée
Elle s'écroulera sur ta tête;
Ne te laisse pas distraire par les apparences
Rien de durable n'existe qui ne soit au service de la Beauté
Ton rôle est d'y contribuer avec les forces que je t'ai données
Et maintenant écoute-moi encore

Dans le monde d'autrefois, à diverses étapes
Sont venus sur cette terre mes prophètes
Ce qu'ils disaient correspondait à ce que chacun pouvait recevoir
Leur vocation était d'ouvrir la voie aux hommes d'alors

Et cette vocation, ils l'ont accomplie au péril de leur vie
Avec humilité mais aussi avec force.
Tu les honoreras comme tu honores ton père
Tu les admireras comme tu admires le chêne planté face au vent
Tu te pencheras sur leurs enseignements
Avec la vénération que tu as pour la fleur dans sa perfection passa-
[gère
Mais ensuite, tu regarderas au-devant
Car les temps ont changé et s'approchent les grandes mutations
Si tu dois honorer le passé, tu dois aussi éclairer le chemin
De tous ceux qui viendront derrière toi
Au moment de prendre ton essor
Regarde la création, contemple-Moi dans mes œuvres
L'Univers est plus beau encore que tu ne le crois. Tout en lui est ad-
[mirable
Les étoiles brûlantes sont belles, mais belle aussi est la chair créée.
Célèbre mon œuvre comme elle le mérite
Si tu ne veux pas qu'elle te renvoie le mal que tu lui auras fait.
Respecte-toi toi-même si tu ne veux pas te détruire
La souffrance que tu infliges à mes créatures, c'est à Moi que tu l'in-
[fliges
Et maintenant, écoute-Moi une dernière fois.

Les hommes de prière sont le socle du monde
Par leur choix répété, ils l'engagent dans la bonne direction
En s'élevant vers Moi, ils élèvent les hommes, leurs frères
En renonçant aux vanités de leur siècle
Ils rachètent les insuffisances qui les entourent
Sans eux, mon visage deviendrait noir et noir mon courroux
Car le mal que vous avez fait, vous l'avez fait sciemment
Vous ne pouvez plaider l'innocence des pierres
Et il vous faut affronter la vérité de vous-mêmes.
Honorez les ermites de toutes les religions !
Grains de sable pensants sur la dune de l'éphémère,

Que jamais ne s'arrête le flux de leurs invocations,
Car Je suis aussi ce que vous attendez de Moi;
Je vous rends l'amour que vous me prodiguez
Je me penche sur vous à la mesure de votre recueillement
La lumière que vous m'adressez, je vous la renvoie
En contribuant au Bien, vous inclinez mon dessein en votre faveur
En montant les marches de la connaissance
Vous m'incitez à mieux vous connaître.
Jamais vous ne pourrez comprendre la profondeur de mes silences
Éclairer un mystère en ouvrira un autre…
Pourtant sans les diverses intelligences qui cherchent à me définir
Je resterais plongé dans ma propre méditation
Avancez-vous donc vers Moi afin que je vous voie mieux
Aimez mes créatures, car je les ai faites à mon image
Au-dessous et pourtant au-dedans de Moi
Soyez modestes dans vos accomplissements
Et pourtant inflexibles dans votre volonté d'avancer vers l'horizon
N'oubliez pas vos origines sans lesquelles vous ne seriez rien
Mais regardez maintenant vers le ciel.

Il faut lire ces quelques lignes pour ce qu'elles sont : la relation écrite d'un instant privilégié. Expriment-elles autre chose sur le fond que les résultats de l'analyse logique à laquelle nous nous sommes livrés précédemment? je n'en suis pas sûr. Elles en diffèrent pourtant sur un point fondamental, la conviction selon laquelle nos actes, tous nos actes, sont en rapport intime et mystérieux avec la création à laquelle nous appartenons. Celui-là n'est jamais seul qui possède ce sentiment. Mais il est non moins vrai que cette conviction est intransmissible par essence et qu'elle n'est peut-être que le fruit de l'imagination…

III
Une nouvelle alliance ?

Après ces réflexions préliminaires, le temps est venu de nous pencher avec l'humilité voulue sur le problème de la nécessaire synthèse.

Si nous nous projetons en pensée vers nos descendants, ceux auxquels il appartiendra de repousser les limites du monde connu, il est possible de deviner en eux le besoin d'élever leur cœur vers une dimension spirituelle sans laquelle ils ne pourront résister à la solitude qui les attend. Le premier homme à avoir posé le pied sur la Lune a d'ailleurs éprouvé ce besoin du sacré sans lequel la tâche qu'il venait d'accomplir n'aurait pas eu de sens. Bien entendu, cette quête du sacré n'exclura en aucune manière le caractère scientifique des travaux qui seront les leurs, l'effort obstiné et méthodique auquel ils auront à se soumettre; simplement, elle en sera le sceau.

Mais, quelle que soit l'évidence de cette démarche à venir, le monde d'aujourd'hui appelle dès maintenant une union sur les principes, union sans laquelle les horreurs d'une guerre impitoyable pourraient bien fondre sur nous très rapidement. Il n'est pas nécessaire de revenir sur les conclusions de la première partie sinon pour rappeler que tous les ingrédients nécessaires à une explosion de première grandeur sont d'ores et déjà réunis.

Mais quelle union? et sur quels principes? Ne suffirait-il pas de s'entendre sur le contenu d'une morale acceptable par tous, telle que celle-ci a été ébauchée dans ce texte? Pourquoi rechercher à tout prix une spiritualité universelle que la diversité des origines et des coutumes humaines rend presque impossible à définir? Où est la révélation, où est la doctrine?

Peut-être s'agit-il là, à bien y réfléchir, du vrai sujet du livre?

Sur la nécessité de dépasser la morale

Ce point a été largement développé dans les deux premières parties et nous n'y reviendrons pas. Rappelons simplement que l'humanité, dans son immense majorité, ne saurait se suffire d'une morale. Elle exige que lui soit présentée une explication globale du monde, et, mieux encore, un rapport clair à la transcendance. Pas plus que Staline n'a réussi à arracher la religion orthodoxe du cœur de la Russie, aucun tyran ni d'ailleurs aucun démocrate ne réussira jamais à ôter du cœur des hommes le besoin de croire. Telle est la donnée centrale du problème et elle ne saurait être changée.

Mais nous sommes au vingt et unième siècle et il est indispensable de tenir compte des acquis du présent. Vouloir s'en remettre au passé est une erreur sans remède pour qui souhaite éclairer l'avenir.

Le monde et Dieu

L'insoutenable absence

Le silence s'est fait. L'homme est seul. Dans l'infini des mondes, l'esprit s'inquiète. Sommes-nous abandonnés? Devons-nous vivre et mourir sans espoir d'aucune sorte?

Oui, le mutisme du ciel est insupportable! Dieu, prends-nous en pitié! Envoie-nous celui qui va annoncer la bonne nouvelle, cette révélation sans laquelle nous ne pouvons vivre. Sombres abîmes du cosmos, déchirez-vous! Qu'il paraisse, enfin! ce prophète que nous attendons, l'Intercesseur du temps présent, celui qui dira : Dieu s'est adressé à moi et voilà ce qu'il m'a dit.

Résonne ainsi depuis toujours l'éternelle complainte des hommes, celle qui a généré tout au long de l'histoire prophètes et disciples. Le savoir et la technique n'ont rien changé : l'homme nu se tourne vers l'invisible pour crier sa détresse.

Questions et réponses

Ô, créatures intelligentes de tous les univers pensants, vous vous interrogez sur votre destinée, vous lui cherchez une cause et un aboutissement que vous ne trouvez pas… Mais réfléchissez : votre interrogation ne crée-t-elle pas l'Être suprême que vous appelez de vos vœux ? N'êtes-vous pas en train, par votre interpellation même, de le « nommer », de le faire sortir de ce néant qui vous fait si peur ? Ne L'engendrez-vous pas en dehors de l'espace et du temps par votre requête ? Ne faites-vous pas d'une certaine manière « descendre » Dieu vers vous en tentant de vous élever vers Lui ? En Le célébrant, ne vous réunissez-vous pas à Lui ? Si l'Univers « pense » à divers niveaux de connaissance, n'est-ce pas aussi à travers vous ? N'êtes-vous pas dépositaires d'une partie de la conscience divine ? Pourquoi auriez-vous été créés, si ce n'est pour illustrer, au niveau de votre pensée, la conscience du « Soi en Soi ». Ayez confiance !

Avant qu'Abraham fût, Je suis[5], dit le Christ, dans une parole énigmatique qui pourrait s'appliquer à toutes les religions. N'est-ce pas une façon d'exprimer que la révélation était en Abraham comme elle est en chacun de nous, que la transcendance est ici et partout, hier et demain, que les temps ne sont là que pour *donner le change*, pour illustrer dans l'apparence de la matière l'existence du divin, éternel et incarné, immuable et changeant, qui réside en nous comme nous sommes en Lui ? Le bruit du monde est-il autre chose qu'une illusion ? un contrepoint au silence de l'Être qui se regarde à travers nous dans la splendeur de son éternité… ?

Comme le dit le Tao :

> Le regardant, on ne le voit pas, on le nomme l'Invisible
> L'écoutant, on ne l'entend pas, on le nomme l'Inaudible,

---

5. Évangile selon Jean, 8.

Le touchant, on ne le sent pas, on le nomme l'Impalpable
Ces trois états dont l'essence est indéchiffrable
Se confondent finalement en Un[6]

Et comme l'ajoute Thérèse d'Avila

« Je vous le dis, il est très possible que, tandis que vous récitez le *Notre Père* ou une autre prière vocale, le Seigneur vous élève à la contemplation parfaite. Sa majesté montre ainsi qu'elle entend celui qui lui parle. Le souverain Maître lui parle à son tour, il suspend son entendement, il arrête sa pensée et recueille pour ainsi dire ses paroles avant qu'elles ne soient prononcées… L'âme reconnaît que ce Maître divin l'enseigne sans faire entendre un bruit de parole, Il suspend l'activité de ses facultés qui, loin de procurer quelque avantage si elles opéraient, ne feraient que nuire. En cet état, les facultés jouissent sans comprendre comment elles jouissent[7]. »

N'est-il pas saisissant de voir qu'une des plus grandes figures mystiques féminines nous incite à la prière dans les mêmes termes ou presque que ceux employés par Lao-Tseu pour évoquer sa méditation dans la recherche de l'Un ? Pourquoi vouloir absolument que ce Un nous parle ? alors que notre appel Le réunit à nous ? Pourquoi vouloir qu'Il nous fixe des règles de conduite, alors que la conscience du bien et du mal est en nous à travers Lui ?

Écoutons donc en nous la voix qui se tait, élevons-nous vers le silence qui parle, rejoignons dans le vertige du temps aboli ceux qui nous ont précédés et ceux qui nous suivront, tout est Un. Il est en nous celui que nous recherchons, faisons-lui place.

Prophètes

Tous les prophètes, tous les sages du passé ont pressenti cette vérité. Tous ont perçu l'homme comme une partie du monde aussi

6. Lao-Tseu, *Tao tö king*, Gallimard 2002.
7. Thérèse d'Avila, *Le Chemin de la perfection*, Seuil 1961.

nécessaire à Dieu que Dieu lui est nécessaire, aussi signifiant que signifié. Mais le message qu'ils nous ont laissé a été à ce point déformé que nous ne sommes plus capables de voir la similitude profonde qui les réunit.

Aujourd'hui pourtant, alors que nous sommes sur le point de nous élancer vers les étoiles, il est temps de réaffirmer cette similitude, de savoir qu'il n'a certainement jamais été dans la volonté des prophètes de figer une fois pour toutes leur message, par nature contingent, mais de délivrer en temps et en heure la parole éternelle de la suprématie absolue de Dieu sur nos entreprises passagères. Est-ce leur faire injure que d'affirmer le caractère relatif de leur enseignement? de dire qu'ils ont eu l'intelligence de parler le langage accessible à ceux qui les entouraient?

Est-ce être hérétique aux yeux de tous que d'affirmer que nous ne sommes que des hommes, épris de certitudes impossibles, soucieux d'une unité qui est la négation même d'une création dont la multiplicité nous dépasse? Est-ce un crime en un mot d'être ce que nous sommes? Évidemment non!

Ce qui est une faute impardonnable en revanche, c'est de prétendre détenir une vérité immuable. En les exprimant, les prophètes savaient que leurs paroles étaient avant tout porteuses d'un message d'éternité. Leurs préceptes en matière temporelle (héritage, alimentation, propreté rituelle...) ne pouvaient en revanche que porter la marque de leur temps. Tous savaient ces matières vouées à l'altération : leurs exigences essentielles portent toujours sur la paix et le dépassement de soi; c'est leur faire injure que de vouloir les réduire aux affirmations sans nuances de minorités assoiffées de certitudes.

Quels peuvent être dès lors les commandements d'aujourd'hui?

Commandements

Méditer, faire silence, écouter vivre en soi la part divine, prendre conscience de notre appartenance essentielle à l'univers créé, se tourner vers l'éternité qui est en nous et non vers le bruit du monde, aller de l'avant avec résolution en sachant rester humble, tels sont les commandements de ce temps.

Sans doute ceux-ci peuvent-ils paraître simples, mais ils n'en sont pas moins en contradiction absolue avec les habitudes de la société de consommation. Bien entendu, il existe à l'intérieur de toutes les croyances nombre d'hommes et de femmes qui ont déjà fait leurs ces préceptes, qui œuvrent dans la discrétion pour illustrer à leur manière la part divine qui est en eux, mais ils sont rejetés sur la rive par le torrent puissant de la modernité.

Le propre de l'homme de Dieu d'aujourd'hui, c'est sans doute le fait qu'on ne le voit pas, qu'il avance sans bruit dans un univers assourdissant, qu'il se refuse aux révélations tapageuses et aux affirmations définitives. Comme il paraît petit, celui-là qui chemine modestement, dans la stridence de la ville livrée aux batteurs d'estrade, et comme il est grand pourtant dans son habit de lumière !

Rendons-leur donc hommage à ces hommes et à ces femmes, à ces solitaires, visibles ou non, qui, sans attendre de récompense, sans espérer de certitudes illusoires, illustrent dans le silence la foi qui est la leur dans la création, et leur volonté de *l'améliorer par leurs pensées et par leurs actes*, dans ce mystérieux échange qui les lie à l'Univers.

Ce qui, il est vrai, relève d'une exigence forte, dans ce qui précède, c'est le fait qu'il n'est pas de révélation, pas de doctrine explicite à proposer à la dévotion des foules. Le patient travail, l'humble soumission à la volonté divine sont d'un ordre qui relève plus de l'écoute que du dogme et, en cela, ils s'écartent de notre tradition du Livre, volontiers portée aux interdits. Il s'agit plutôt d'une recherche consciente et jamais achevée, d'une introspection toujours en éveil, de l'humble et tenace effort des hommes qui, chacun à leur manière, recherchent leur Créateur tout en sachant qu'ils ne l'atteindront jamais. Il s'agit de la démarche d'hommage de celui qui suit sa route en sachant qu'il ne détient qu'une infime parcelle de la connaissance ultime, que celle-ci lui restera pour toujours fermée et qu'il s'en approchera peu à peu, pour mieux s'apercevoir que l'essentiel lui restera éternellement caché.

Que chacun, sur cette route difficile, procède à sa façon propre, que chacun y instille ce qu'il peut, et en définitive *ce qu'il est*, semble non seulement inévitable, mais estimable. En a-t-il d'ailleurs jamais été autrement ? Le pire serait plutôt que les hommes avancent en troupeau, sans l'humilité nécessaire, et avec l'arrogance des convaincus.

Cheminements et critiques

Il est temps de revenir maintenant sur les *moyens* d'ordre pratique qui ont été précédemment définis, moyens qui peuvent aider à structurer la vie de chacun en constituant un socle moral applicable par tous. La poursuite de la connaissance, la recherche de la beauté sous toutes ses formes, la lutte contre la souffrance et le parti pris ultime de l'humilité peuvent être des moteurs puissants pour une humanité à la recherche de ses fins. Ils peuvent aider à concrétiser dans le monde matériel ce que la quête spirituelle préconisée peut avoir d'exagérément ardu.

Certes on peut objecter qu'il s'agit là d'une morale de nantis, qu'il est plus facile de progresser dans la connaissance à partir d'une bonne éducation, que la beauté est plus souvent associée à l'aisance qu'à la misère et l'humilité plus facile au puissant qu'au pauvre, mais cette critique est vieille comme le monde : « Suis-moi » relève d'un autre ordre d'exigence que le domaine matériel et la difficulté du but ne doit pas nous écarter du chemin.

Mais ces *moyens* peuvent-ils suffire à remplacer des *fins* clairement proclamées. L'introspection, la recherche en soi du Créateur, à la fois silencieux et omniprésent, peuvent-elles suppléer l'absence de certitudes ? Il est possible d'en douter. L'absence de révélation formelle crée un vide dans les consciences. Que faire pour donner à ceux qui en éprouvent le besoin le cadre rassurant auquel ils aspirent ?

Religions anciennes

Il nous faut admettre que l'acceptation de la nature contradictoire du monde risque d'exiger pour beaucoup et pour longtemps encore le recours aux religions traditionnelles, avec leurs rituels englobants et leurs saints protecteurs. N'oublions pas la beauté des cérémonies, baptêmes, mariages, enterrements, tous ces rites qui, en donnant aux événements de la vie une touche de sacré, permettent aux hommes de franchir les étapes l'espoir au cœur. N'oublions pas que les Espagnols arrivant au Mexique avaient sagement intégré dans les rites catholiques une partie du cérémonial aztèque, comme l'avaient fait en leur temps les chrétiens des premiers âges, acceptant dans leur pratique quotidienne beaucoup d'« intercesseurs païens ». Que les hommes d'aujourd'hui aient besoin de trouver refuge dans les traditions ancestrales pour supporter les épreuves qui les attendent, comme le provincial parvenu à la grande ville s'appuie sur le réseau de ses « pays » pour supporter l'anonymat de la capitale, est certainement compréhensible. Beaucoup de nos concitoyens se définissent comme Bretons au même titre que Français ; pourquoi ne pourrait-on se dire chrétien, musulman ou taoïste en même temps qu'universaliste ? Loin de nous l'idée d'y voir une simple faiblesse ! Les racines sont la richesse d'un individu comme d'un peuple. S'arracher d'un seul coup à un grand passé n'est certainement pas sans risque, et même si les religions anciennes ont vieilli, leurs enseignements méritent le respect.

Il y faudrait tout au moins la renonciation par chacun à toute prétention à l'universalité, la reconnaissance du caractère contingent de ses certitudes, la conscience intime d'une exigence plus haute. Où l'on retrouve ce que devrait être la tolérance, vertu agissante permettant à chacun d'assumer *sa contradiction propre*, celle qui unit en lui la tanière d'origine et la demeure nouvelle.

Pour dire les choses autrement, il est souhaitable, et sans doute indispensable, d'accepter que ceux qui en sentiront le besoin se réfugient dans leur province d'origine, à la condition qu'ils reconnaissent dans leur cœur qu'il ne s'agit que d'une étape et qu'ils sachent distinguer le secours immédiat de l'exigence à long terme. Point plus difficile qu'il ne paraît car, comme le dit Daniel Sibony, pour un convaincu il est difficile de « croire » à moitié. Mais l'aspiration au mieux n'interdit pas la pratique du bien... C'est ici qu'apparaît le rôle crucial des élites qui doivent ouvrir la voie, en affirmant haut et fort des convictions libératrices.

Critiques

Il est clair que ces propositions ne sauraient manquer de susciter toutes sortes de critiques et il est facile d'en imaginer quelques-unes :

Eh quoi ! diront les premiers, vous en êtes finalement à accepter le *statu quo* à charge pour les fidèles de regarder vers un avenir aussi vague que lointain ? Belle nouveauté que celle-là ! Toutes les religions ont franchi cette démarche depuis longtemps...

À cela il faut répondre qu'il n'en est rien. L'exigence est beaucoup plus forte : il s'agit bel et bien pour les chefs des diverses communautés religieuses de réfuter des pans entiers du dogme ancien. Et, avec tout le respect qui leur est dû, il ne semble pas qu'ils en soient capables, ce qui revient à dire que le maintien des traditions anciennes n'est qu'une solution par défaut, antichambre, sas, porte d'entrée, comme chacun voudra, de la spiritualité nouvelle capable de faire face aux exigences du présent.

Nous avons compris, diront les seconds, votre approche n'est que la centième version d'une manière de panthéisme qui n'ose pas dire son nom. Vous proposez à chacun une religion à la carte, ventre mou depuis toujours de la spiritualité... Ne voyez-vous pas qu'il s'agit là d'un boulevard déjà maintes fois emprunté dans l'histoire et qui n'a jamais mené à rien ?

Il convient de répondre à ceux-là que, dans l'espace infini où évolueront nos descendants, il y aura place pour beaucoup d'interprétations de la divinité. Comme le disait déjà Toynbee :

« Je crois que l'humanité a besoin de retourner au panthéisme. Il nous faut retrouver le respect et la considération que nous avions originellement envers la dignité du monde naturel et non seulement humain. Nous avons besoin pour nous y aider d'une religion vraie[8]. »

Il serait insupportablement prétentieux de prétendre poser dans ces lignes les premiers jalons d'une religion vraie car, comme exposé ci-dessus, le sentiment religieux ne peut être, dans mon esprit, qu'une humble recherche jamais achevée. Pourtant, il est vrai aussi que nous devons résister aux marchands d'illusion, à ceux qui proposent à leurs fidèles la guerre sainte comme remède à tous leurs maux.

Mais il nous faut maintenant entendre la plus redoutable critique, celle que Dostoïevski met dans la bouche du « grand inquisiteur ».

« Tu as voulu fonder ton royaume sur cette liberté que les hommes haïssent et qu'ils fuiront toujours dans quelque idolâtrie, même s'ils la célèbrent en paroles. Il fallait rendre les hommes moins libres et tu les as rendus plus libres, multipliant du même coup les idoles et les conflits d'idoles ; tu as voué l'humanité à la violence, à la misère et au désordre[9]. »

Oui, l'exigence est haute qui fixe à chacun les limites de sa propre recherche, faisant de lui en quelque sorte le juge et l'arbitre suprême de la Divinité qui est en lui comme il est en Elle. Reconnaissons qu'il est là de quoi déconcerter plus d'un. La liberté est l'apanage des adultes et nous le sommes si peu… Mais c'est en fixant une règle exigeante que l'on donnera à nos contemporains et plus encore à nos descendants les moyens de dominer leur formidable destin.

8. Arnold Toynbee, cité par A. Daniélou, *op. cit.*
9. Dostoïevski, *La Légende du grand inquisiteur,* éd. À couteaux tirés, *2000.*

Éducation

Pour approcher peu à peu de l'idéal préconisé et permettre en attendant une coexistence pacifique entre doctrines, il est clair qu'une éducation appropriée doit se mettre en place qui, en insistant sur l'histoire des religions et leur évolution progressive, souligne à la fois leur caractère relatif et le besoin profond qu'elles manifestent.

Il paraît impossible en effet, nous l'avons dit, que, lancée dans la « diaspora des étoiles », l'humanité ne s'interroge pas sur son destin spirituel. Et il est non moins certain que, face au cosmos, la conscience d'une communauté de pensée profonde du genre humain finira par se faire sentir. Même si le processus risque de prendre du temps, il est inéluctable.

Encore faut-il y préparer dès maintenant les foules en présentant aux jeunes, dès leurs premières années, un programme qui leur fasse prendre conscience de cette *unité dans la recherche du sacré* qui est celle du genre humain, tout en réintégrant *la contradiction* comme valeur fondatrice. Il s'agit en somme non seulement de mesurer nos origines à l'aune d'une perspective plus vaste, mais d'accepter le mystère de la création, mystère insondable et définitif. Ce n'est qu'à ce prix que pourra progresser le sentiment profond d'appartenance commune au microcosme humain, maillon parmi d'autres de l'intelligence universelle.

Alors viendra tout naturellement le temps de développer en chacun le goût et les méthodes appropriées à sa recherche personnelle, en acceptant par avance la diversité des approches et le refus de quelques-uns. Mais il faut répéter que, sans ce qu'il est possible d'appeler une *éducation philosophique*, il est très improbable que puissent être désamorcés les conflits entre certitudes antinomiques. Si un tel enseignement n'est pas rapidement mis en place, on peut craindre en effet que, chacun voulant monopoliser à son profit le besoin de croire, de furieuses oppositions se manifestent. Au moins nos recommandations offrent-elles un espoir de réconciliation sur les fins, une offre de paix mutuelle appuyée sur des objectifs communs.

Une telle perspective est-elle de nature à empêcher les hommes de se ruer les uns contre les autres au nom d'intérêts, ou pire, de philosophies contradictoires ? Rien n'est moins sûr, hélas ! Le réalisme oblige à constater que les foules sont naturellement belliqueuses, et que l'on ne meurt jamais si bien qu'au nom des idées… Il est possible en particulier que l'islam, au niveau de ses principaux dignitaires et de ses grandes universités théologiques, se refuse à baisser sa garde, à l'instar de ce qui a déjà été observé dans l'histoire. C'est bien la récusation de la violence par les bouddhistes qui a signé leur arrêt de mort face à l'islam en Afghanistan ou ailleurs, le processus se poursuivant aujourd'hui dans de nombreuses régions du globe. On ne peut exclure que quelques extrémistes en viennent à entraîner des peuples entiers dans leur folie. Les bolcheviques ne représentaient en 1917 qu'une faible minorité, mais ce sont eux qui ont en définitive conquis le pouvoir en Russie, de la même façon que les khomeynistes l'ont conquis et le détiennent toujours en Iran. D'autres intégrismes sont, hélas, capables des mêmes excès…

Dans ce cas, il n'y aura pas d'autre choix que la lutte pour préserver l'essentiel : la liberté de penser, cet acquis fragile qui, malgré ses travers et le mauvais usage qu'en font les manipulateurs d'opinion, constitue la force et la meilleure justification des démocraties. Oui, c'est un des paradoxes de notre condition que celui-là : il est des moments où le plus pacifique doit être prêt à affronter la mort les armes à la main pour défendre le legs sans prix de ses aînés. Dans les petites classes de ma jeunesse, le professeur lisait en chaire les lettres des fusillés de seize ans qui avaient affronté le nazisme avec leur seul courage. Quelles phrases magnifiques jaillissaient de ces bouches qui seraient recouvertes de terre au matin ! Hommes libres, rappelez-vous que la liberté se mérite et qu'elle ne s'est jamais confondue avec l'insouciance…

IV
La trahison des élites

De la vindicte populaire

Il ne me viendrait pas à l'idée de considérer que les réflexions exposées précédemment sont foncièrement originales. Comme toutes les démarches de ce type, elles se contentent de donner une forme explicite à ce qui flotte dans l'air du temps. L'évolution du monde s'est d'ailleurs traduite par une convergence de fait de beaucoup de croyants en matière religieuse, et il n'est sans doute pas excessif de penser qu'il n'existe pas de grandes différences entre les approches de la plupart des hommes de bonne volonté lorsqu'il s'agit de la recherche du sens. Où se situe donc la difficulté ?

Il me semble qu'il faut la rechercher du côté de ce que l'on pourrait appeler la « trahison des élites », elle-même encouragée par la vindicte populaire, prompte au sacrifice des boucs émissaires chers à René Girard[10].

Trahison des élites, parce que celles-ci n'ont pas le courage d'affirmer haut et fort leur rupture avec le passé. Encore une fois, il ne s'agit plus d'un *aggiornamento*, d'ailleurs impossible, vis-à-vis de leurs religions d'origine, il s'agit de constater que le monde a radicalement changé, que les textes fondateurs doivent être réexaminés dans une optique impitoyablement critique et qu'il importe de renoncer à des pans entiers des « révélations » ou des habitudes anciennes. Une hypocrisie largement répandue se contente de laisser

10. René Girard, *La Violence et le Sacré*, Grasset 1972.

tomber en désuétude les vieilles coutumes, alors qu'il faudrait en dénoncer le caractère rétrograde, voire inacceptable. Mais cette attitude hypocrite convient parfaitement aux mêmes élites qui se trouvent bien mieux d'une contestation molle que d'une franche séparation. Or quel est le rôle de l'élite par-delà ses privilèges, ô combien confortables? sinon de s'avancer sur la place publique et d'affirmer ses convictions au péril de sa réputation et, s'il le faut, de sa vie.

Certes on entend ici ou là tel ou tel intellectuel juif, chrétien ou musulman, déplorer les excès commis au nom de sa chapelle d'origine. Certes on entend le dalaï-lama prêcher à juste titre la tolérance universelle. Mais de scission franche point!

Crainte de perdre son « poste » par ci, d'être considéré comme traître à sa communauté par là, ou peur de friser (pour les musulmans) l'apostasie avec la condamnation à mort qui en est la sanction, personne n'ose s'aventurer sur l'agora en disant haut et fort qu'il est temps d'en finir avec les vieilles lunes.

Outre les tenants de la libre-pensée dont la démarche, pour estimable qu'elle soit, ne parvient pas à combler le « vide », l'on peut constater qu'un des seuls à l'avoir fait à notre époque de façon radicale et à grand risque, a été Alexandre Soljenitsyne lorsqu'il s'est agi de dénoncer la maladie incurable du communisme : la tyrannie totalitaire. Mais il est intéressant de noter qu'il s'est agi de la dénonciation d'une idéologie qui n'avait malgré tout qu'un peu plus de cent ans d'âge et non d'une religion, le tout d'ailleurs au nom du retour aux valeurs de la religion traditionnelle de la Russie, la foi orthodoxe. Force est donc de constater qu'il ne s'est pas agi d'un appel à se tourner vers l'avenir, mais bien d'une invocation du passé, jugé seul capable de résoudre les maux du présent. Ceci souligne s'il en était besoin la difficulté de l'exercice.

Il est clair que la masse des croyants serait sans doute réticente à entendre le message selon lequel le dogme auquel elle est accoutumée est dépassé, surprise ou même indignée de voir les chefs de la communauté se dépouiller d'une grande partie de leur légitimité. Je reconnais aussi que s'affronter à la « pensée unique » et *a fortiori* à l'intégrisme demande un courage hors du commun et oblige à mettre de l'ordre dans sa propre maison, surtout lorsque l'on profite de tous les avantages d'une situation acquise : il est toujours confortable d'être commandeur des croyants ou gardien des lieux saints. Le peuple des « croyants » ne saura aucun gré à celui qui secouera le socle même de ses habitudes de pensée, souvent confondues avec une appartenance quasi tribale à sa communauté. Mais c'est pourtant bien cette attitude qui sépare le vrai courage de la superbe intellectuelle. *Nous sommes des héritiers, pas des clones,* nous sommes les descendants d'un glorieux passé, mais pas des fossiles, et notre vie appartient à l'avenir, voilà ce que nous avons besoin d'ouïr !

De la nécessité d'une avant-garde

Même si l'acceptation de l'autre, avec son originalité et ses différences, est un préalable nécessaire à toute approche novatrice, reconnaissons qu'affronter la rupture et l'opprobre est autre chose que prêcher la tolérance. Ne s'y aventurent que les âmes fortes. Le moins que l'on puisse dire, c'est qu'on ne les entend pas beaucoup.

Il est grand temps que sortent de l'ombre ceux qui se reconnaissent dans cette analyse. Il est grand temps qu'ils s'émancipent d'une pensée unique qui prêche une indulgence trop souvent aussi molle que ses concepteurs. Toute scission demande un esprit de combat, toute novation le désir d'en découdre. Il faut pourfendre sans pitié les adeptes du consensus mou qui ne se rendent pas compte qu'ils seront détruits par ceux qui font semblant de les entendre, il faut exiger des prises de position beaucoup plus fermes de la part des leaders d'opinion ou des intellectuels.

À vos idées, citoyens ! ayez le courage de vos opinions, allez de l'avant sans crainte, ouvrez la voie ! L'avenir appartient à ceux qui ne baissent pas pavillon devant la dictature des idées en place.

Conclusion de la troisième partie

Au moment où j'écris ces lignes, je regarde par la fenêtre et j'aperçois la vallée de la Beune, plongée dans le silence du soir. Là sont passées les tribus de Cro-Magnon, pendant des siècles innombrables, pour chasser, nourrir leurs enfants, et mettre leurs morts en terre. À quelques pas d'ici, on a retrouvé leurs traces : peintures murales, statuettes, ou gravures destinées à leurs cultes. Je crois les voir cheminer devant moi avec au cœur, le respect du sacré. Ils me font signe de la main, comme pour me dire qu'eux aussi, ils se sont posé les mêmes questions et que les millénaires ne font rien à l'affaire. La nature est pour eux peuplée de mystères innombrables – épidémies, éclipses, tremblements de terre, que sais-je ? – mais sont-ils si différents de nous ? Je ne le crois pas. Le monde qui attend nos descendants sera lui aussi plein d'obscurité et la démarche de l'esprit humain ne suffira pas à vaincre les mille et une énigmes auxquelles il va se heurter.

Car ce sont des mystères inouïs qui nous attendent. Lorsque décolleront pour la grande aventure les premières expéditions, tous se sentiront fils de notre vieille Terre, dotés d'une compréhension des choses très supérieure à la nôtre et pourtant infiniment inférieure à l'immensité des problèmes à surmonter. Ils ne seront que des hommes, avec toutes les limitations liées à la structure de leur pensée. Et ces limitations les empêcheront de discerner ce qui dépasse la forme même de celle-ci. Qui sait s'il n'existe pas de par le monde des intelligences bien supérieures à la nôtre, capables de concevoir l'univers avec une tout autre ampleur ? Qui sait si l'intelligence des espèces ne pressent pas bien des évidences qui nous restent cachées, qui peut prétendre avoir eu accès à la moindre parcelle du dessein divin ?

Il appartiendra à nos successeurs d'entrer dans l'avenir les yeux ouverts, de respecter leurs aînés comme nous respectons ceux qui se sont penchés sur notre enfance, mais de se tourner vers l'avenir avec des yeux neufs.

Accompagnons donc en pensée cet homme nouveau pendant quelques instants :

Devant lui s'étend l'immensité des mondes et, au travers d'eux, il avan-
[ce, humble et pourtant résolu.
Dans son cœur flotte un hymne au Créateur de toutes choses, mais il
[doit dominer chaque jour un quotidien précis.
Quelle ne sera pas son admiration devant les mille merveilles de l'uni-
[vers !
Et quelle ne sera pas son angoisse devant les questions qui se poseront
[à chaque pas !
Quelle émotion devant la puissance de son esprit !
Et quel vertige devant le mystère des étapes qui lui restent à franchir !
Aie pour nous une pensée, être des temps à venir, nous encore plongés
[dans la pénombre !
Nous nous penchons sur toi comme sur un fils prodigieux.
Puisse le courage ne jamais te manquer !
Que jamais ne s'arrête ta quête !
Que la beauté des mondes illumine ton front !
À toi homme libre, à toi frère, salut !

ÉPILOGUE

Quelles conclusions d'ensemble, s'il en est, peut-on tirer de ce travail ? Avant de répondre à la question, il est nécessaire de revoir la progression de l'analyse.

La première partie a eu pour ambition de montrer les divergences effrayantes qui s'exacerbent aujourd'hui entre nations laïques et théocraties religieuses, nantis et misérables, privilégiés de la technologie et exclus du savoir. Elle a proposé quelques approches d'ordre économique pouvant aider l'humanité à traverser le gué qui la sépare de sa grande mutation, tout en soulignant que rien de durable n'a jamais été construit sans un socle de valeurs spirituelles. À défaut, la catastrophe a toujours menacé et celle qui nous attend risque de surpasser en horreur tout ce que nous avons connu…

La seconde partie a donc développé l'idée qu'à monde nouveau, solutions nouvelles. Et il est apparu que ce n'est pas tant le souffle qui manque aux doctrines existantes, mais plutôt une incapacité structurelle à se tourner vers l'avenir.

Aussi avons-nous essayé dans la troisième partie d'aborder le domaine, ô combien difficile, des moyens et des fins de la nécessaire refondation spirituelle. Les obstacles sur cette route sont immenses. Une expérience personnelle a cependant permis de proposer quelques jalons.

Mais ce qui est apparu en facteur commun de ces trois parties, ce sont les dangers liés à la recherche d'une unité impossible (« *l'unité mortifère* »), et l'inéluctabilité des contradictions *(« la contradiction créatrice* »).

Comme nous l'avons écrit au début de la troisième partie, rien ne sera possible en effet tant que *la contradiction* n'aura pas été pleinement réintégrée dans l'univers humain. Tel est le sens de ce plaidoyer pour l'avenir qui n'est peut-être, à bien y réfléchir, qu'un appel à l'humilité adressé à une humanité devenue trop sûre d'elle... Nous devons réapprendre que l'homme a certes besoin de certitudes, mais qu'il s'accommode aussi de mystères, et que *la religion de demain ne sera qu'une quête jamais achevée*, ou comme je me suis permis de l'exprimer, *une question toujours ouverte...*

*

Il est bien difficile à vrai dire de trouver quelques mots justes pour clôturer trois chapitres aussi brefs dans leur analyse qu'ambitieux dans leur discours. Qu'il soit clair que j'ai simplement tenu à transmettre un message personnel d'espérance à ce monde désemparé que je vois s'engager simultanément dans la plus belle aventure de tous les temps et dans les plus terribles errements.

Si un seul de mes lecteurs se sent réconforté par mon témoignage, alors mon long voyage sur cette terre n'aura pas été inutile. Et même si les détenteurs de la vérité officielle haussent les épaules, qu'importe ! Les grands chemins de ce monde sont plus riches d'inspiration que la touffeur de leurs assemblées et la musique de l'univers plus enivrante que tous leurs discours.

Et pour compenser ce que l'analyse qui précède a pu avoir d'aride, pour rappeler que l'orgueilleuse solitude du sage n'est pas tout et que la compassion soulève les montagnes, je développerai une parabole que j'ai rédigée en un soir, à la bougie, voici bien des années. Il neigeait sur nos tentes à près de 5000 mètres d'altitude et l'esprit errait en liberté dans les solitudes du Ladakh.

En voici le texte :

«Le vieil homme cheminait lentement. Il remontait le sentier qui joint le village de Khalatse à la lamaserie de Lamayuru, et, depuis près de trois heures, il avançait à pas comptés sur la sente déserte. Tout autour s'étendaient les maigres pâturages, parcourus sans relâche par des troupeaux de chèvres à la recherche de nourriture.

«C'était vraiment un très vieil homme. Ses traits burinés par l'altitude étaient empreints de sagesse et son regard lavé par les ans se portait sur les choses avec bienveillance. Au cours de sa longue vie, il avait fréquenté bien des monastères et, à force de se pencher sur les livres sacrés, il s'était peu à peu approché du monde immatériel auquel le grand âge allait bientôt le faire accéder. Sans doute était-ce cela qui donnait à sa mince silhouette une allure fragile et presque désincarnée...

« Ainsi allait-il sans hâte, récitant sans fin les phrases d'action de grâce qui, au fil de sa route, égrenaient aux quatre vents leur musique monotone. Au loin s'apercevaient les pics enneigés de l'Himalaya, éblouissants sous l'impitoyable soleil de juillet et, plus près, les montagnes ocrées dessinaient leurs cimes dentelées au-dessus des épineux dont la verdure adoucissait le paysage rocailleux. De temps à autre, une chèvre s'approchait sans méfiance et le vieil homme l'écartait doucement du bout de son bâton, puis il poursuivait sa route du même pas lent et régulier.

« Il arrivait maintenant presque à mi-étape et, de l'endroit où il se trouvait, on n'apercevait nulle trace de présence humaine : la solitude était complète et l'environnement terriblement âpre. Peut-être un autre que lui eût-il été impressionné, mais aucun paysage terrestre ne pouvait plus émouvoir le sage qui s'avançait vers Lamayuru. Peut-être même était-ce là, à bien y réfléchir, son point faible secret : à force de détachement, il s'était tellement écarté des choses de la vie que les hommes semblaient devenus pour lui comme transparents; ceux qui croisaient son regard n'y trouvaient plus qu'une indulgence sans limites ressemblant parfois à de l'indifférence. À un certain degré de sérénité, les errements des êtres ne méritent plus guère l'attention de celui qui sait...

« Pourtant, à un détour du chemin, le vieil homme eut un mouvement involontaire. Devant lui une fillette était étendue, faiblement agitée de mouvements convulsifs, et, de sa tête blessée tombaient quelques gouttes de sang. L'enfant, qui portait la robe brune des gardiennes de troupeaux, avait dû faire une chute en voulant rattraper une bête indocile et elle gisait inanimée au pied du redan rocheux qui avait causé sa perte.

« Mais c'est à peine si le vieil homme accéléra son pas. L'existence est un océan de douleur dont le sage cherche à s'échapper et la vie qui s'achevait sous ses yeux était l'illustration même de la doctrine du seigneur Bouddha : toute personne rencontre la mort sur son chemin et il n'est pas d'âge ou de richesse qui puisse masquer l'universel tourment de la destinée humaine. Seul le fou refuse de voir cette grande vérité… Cependant le jeune visage tourné vers le ciel, les yeux inconscients, était d'une si grande beauté, la plaie qui zébrait la tempe si cruelle, que le vieux moine en fut touché : une fois encore, une famille allait se rassembler dans la peine car la fatalité avait frappé aveuglément, faisant tomber son bras sur une pauvrette en pleine innocence. Ô Seigneur Bouddha, que le monde est donc cruel !

« Il approchait maintenant de l'enfant, et avec effort, il s'assit à son côté. Il était visible que la petite se dirigeait rapidement vers sa fin, et dans un mouvement de pitié, il prit sa main dans la sienne. Il sentait cette main frémir de temps à autre au rythme de son agonie silencieuse et, conscient de son impuissance, il ferma les yeux, s'absorbant dans la compassion. Il lui appartenait d'accompagner, dans son passage de vie à trépas, l'âme de l'enfant qui se mourait et il s'efforcerait par ses prières d'adoucir ses derniers instants.

« Il était plongé dans la méditation lorsque, du fond de sa conscience monta le souvenir d'un événement ancien. Il l'avait presque oublié au terme de tant d'années, mais voici que, du lointain passé, surgissait l'épisode funeste qui avait marqué son enfance. Il rentrait des champs où il était allé aider aux moissons – il devait avoir douze ou treize ans –, lorsqu'il avait trouvé la maisonnée plongée dans l'affliction. Sa sœur de huit ans s'était noyée dans la rivière et l'on venait de ramener le petit corps qui reposait sur une couverture. Il se revoyait interdit, observant avec stupeur le visage inerte de sa compagne de jeux et refusant de tout son instinct l'inconcevable drame. Puis il avait éclaté en sanglots, des sanglots convulsifs qui le secouaient tout entier, au point que, surmontant sa douleur, sa mère était venue vers lui pour tenter de le consoler. Oui, il le revivait intensément cet instant de détresse et, à son propre étonnement, il sentit que les larmes montaient à ses paupières. Oh, il ne s'agissait pas du ruisseau de pleurs qui, telle une source puissante, avait jailli de ses yeux d'enfant…, mais de ses orbites usées sourdaient lentement quelques gouttes amères qui descendaient au travers des rides sillonnant son visage. Et la compassion qui, tout à l'heure, emplissait son cœur d'une émotion douce et comme polie par les années, se transformait peu à peu en un chagrin violent dont il ne pensait même plus qu'il était capable de l'éprouver.

« Alors que son esprit accablé errait dans un rêve douloureux, il crut soudain apercevoir un homme à ses côtés : il était assis très droit, les jambes croisées et sur sa face flottait un sourire léger. Devant cette apparition, le vieil homme fut frappé de stupeur. Se tournant vers l'inconnu, il lui demanda poliment :

« – Qui es-tu donc, passant? Serais-tu un parent de cette pauvre enfant?

« L'homme ne répondit rien. Pas un trait de son visage ne bougeait, mais de celui-ci rayonnait une telle plénitude que le vieux moine en fut saisi. Soudain, il eut une illumination et se jeta à genoux :

« – Se pourrait-il que ce soit vous, Maître? demanda-t-il prosterné, et dans son cœur rempli de vénération naquit un fol espoir. Maître, poursuivit-t-il sans plus vouloir douter, puisque vous avez daigné paraître devant moi, rendez la vie à cette enfant! Je sais que ce monde ne mérite pas un regard – j'ai consacré mon existence à suivre vos enseignements –, mais je vous en supplie, sauvez cette innocente qui se meurt devant vous! Et si je dois périr pour justifier ce prodige, qu'il en soit fait ainsi!

« L'inconnu ne disait rien. Pourtant, tant de force émanait de sa présence immobile que le vieil homme ne put se résigner à se taire :

« – Maître, reprit-il, écoutez-moi. Connaissez-vous le désespoir d'un enfant? Lorsque j'avais douze ans, j'ai perdu ma jeune sœur, et aujourd'hui encore, après tant d'années, mon cœur saigne à cette pensée. Je sais que ceci est de ma part une demande insensée mais de grâce, sauvez cette innocente et je chanterai votre gloire jusqu'à mon dernier souffle.

« Sur le sommet du Kang Yazé, la neige flamboyait et la splendeur du soir descendait sur le paysage silencieux. Quelques nuages légers flottaient dans le ciel comme des écharpes de satin, mais l'inconnu se taisait toujours. Il était là, majestueux, sa seule présence emplissant l'espace d'un incomparable éclat. Hélas, cet éclat ne rendait pas la vie à l'enfant dont l'agonie se poursuivait. Le petit corps se tendait dans une lutte dérisoire contre la mort, et rien ni personne ne pouvait plus arrêter le processus qui la conduisait au trépas.

« Alors le vieil homme sentit sa poitrine se déchirer et des larmes abondantes jaillirent de ses paupières. Comme il détestait son indifférence à l'égard de la souffrance des autres ! Il avait vieilli dans la froideur, s'excluant du monde qui l'avait nourri, et l'inutilité de toute sa longue ascèse lui apparut en pleine lumière. Puis, terrassé par le remords, il sombra quelques instants dans l'inconscience. Lorsqu'il ouvrit les yeux, possédé tout entier par un sentiment de honte, l'inconnu s'était évanoui. Peut-être avait-il seulement imaginé sa présence... ? Mais, reportant son regard sur la fillette dont il tenait la main, il eut un mouvement incrédule : la blessure avait disparu et c'est une jeune enfant pleine de vie qui semblait surgir d'un sommeil profond.

« – Qui es-tu donc grand-père, demanda-t-elle et pourquoi me tiens-tu la main ? Me suis-je endormie en gardant mon troupeau ? Il fallait me réveiller, car je vais être grondée si une de mes bêtes a disparu...

« Le vieil homme ne répondit rien. Après un signe d'adieu à la fillette qui déjà s'échappait, il reprit sa route monotone. Le soleil descendait de l'autre côté des montagnes, rendant plus sauvage encore l'univers pétrifié qui l'entourait, mais son cœur débordait de gratitude et le son de ses actions de grâce s'élevait vers le ciel avec une ferveur nouvelle. »

Méditation et prière possèdent-elles le pouvoir de faire des miracles ? je ne sais. Mais il n'est pas interdit au croyant d'espérer...

Les Eyzies en Périgord,
septembre 2003.

TABLE DES MATIÈRES

Achevé d'imprimer en décembre 2003
sur les presses de la Nouvelle Imprimerie Laballery
à Clamecy (Nièvre)

N° d'impression : 312072
Dépôt légal : janvier 2004

Imprimé en France